무지의 구름

무지의 구름

발행일	2021년 3월 8일 초판 발행
	2023년 2월 11일 2쇄 발행
발행인	손영란
저　자	무명의 그리스도인
번　역	전경미
편　집	김진우 류명균 최선화
디자인	박송화, 조유영
펴낸곳	키아츠KIATS
주　소	서울시 도봉구 마들로 624, 302호
전　화	02-766-2019
팩　스	0505-116-2019
E-mail	kiatspress@naver.com
ISBN	979-11-6037-177-2(02230)
Web	www.kiats.org

* 본 출판물의 저작권은 키아츠(KIATS)에 있습니다.
* 사전동의 없이 무단으로 복사 또는 전재하여 사용할 수 없습니다.

무지의 구름

저자 무명의 그리스도인

번역 전경미

에필로그 김재현

키아츠
KIATS

일러두기

- 독자의 편의를 위해 편집자가 목차와 각주 일부를 수정, 편집하였다.
- 독자의 이해를 돕기 위해 짧은 설명이나 한자 또는 영어를 추가하였다.
- 본문 중 원문에 표기된 괄호는 ( )를, 독자의 이해를 돕기 위해 편집자가 추가 설명하는 내용에는 [ ] 괄호를 사용하였다.

차례

무지의 구름
- 머리말 • 8
- 목차 • 12
- 본문(1장-75장) • 18

에필로그
열정과 사랑의 화살로 무지의 구름을 뚫게 하는 영성의 안내서_김재현 • 261

14세기 어간의 유럽의 주요 신비주의자들 • 270

참고문헌 • 274

무지의 구름

관상에 관한 책이 이제 시작된다.
이 책은 무지의 구름이라 불린다.
이 안에서 영혼은 하나님과 하나가 된다.
머리말 기도로 시작하자.
하나님, 모든 이의 마음 깊은 곳은 당신께로 열려 있고
모든 소망으로 당신께 말을 겁니다.
어떤 은밀한 것도 당신께는 감추어지지 않습니다.
청하오니 당신의 이루 말할 수 없는 은혜의 선물로
저의 마음의 의향을 정결케 하소서.
그리하여 제가 당신을 온전히 사랑하며,
당신께 마땅한 찬미를 드리게 하소서.
아멘.

머리말

성부와 성자와 성령의 이름으로 아멘!

나는 그리스도교적 사랑의 유대가 허용하는 권위와 힘에 근거하여 모든 이들에게 당부합니다. 이 책을 지니게 된 당신이 이 책의 주인이든, 아니면 이 책을 보관하게 된 사람이든, 전달하는 사람이든, 아니면 빌린 사람이든 상관없이 말입니다. 진실한 의지 안에서 온전히 순수한 지향을 가지고 활동적인 생활에서뿐만 아니라, 관상 생활 안에서 그리스도를 전적으로 따르는 제자가 되기를 목표로 하는 사람이 아니라면 그 누구도 이 책을 읽어서는 안 됩니다. 또는 그런 사람을 위해서가 아니라면 읽어 주어서도 안 됩니다. 사적으로든지 대중 앞에서든지 이 책이 아무에게나 읽혀서는 안 되고, 선뜻 또는 의도적으로 아무나 이 책을 필사해서는 안 됩니다. 이 책의 독자가 목표로 하는 관상 생활로 말하자면, 그것은 이 세상의 삶에서 온전한 영혼이 육체 안에 여전히 머물러 있는 가운데 은총을 힘입어 도달할 수 있는 가장 높은 지점을 뜻합니다. 그런 사람은 아마도 오랫동안 덕행을 쌓고 활동적 생활을 실천하면서 관상 생활을 준비해 왔을 것이고, 여전히 자신이 할 수 있는 모든 것을 행하고 있는 사람일 것입니다. 이 책은 이런 사람이 아닌 다른 누구에게도 적합하지 않습니다.

더 나아가 그리스도교적 사랑의 권위로써 나는 모든 이들에게 당부하고 요청합니다. 만일 그런 적합한 어떤 사람이 이 책을 자신을 위해, 또는 다른 사람들을 위해 읽거나 필사한다면, 혹은 사적으로나 대중 앞에서 읽는다면, 당신은 그런 이를 이끌어 그가 시간을 들여 그것을 조용한 가운데 또는 크게 소리내어 읽도록 하십시오. 곧바로 이 책을 필사하거나 이 책에 귀를 기울일 수 있도록 하십시오. 이 책의 초반부나 중반부에는 충분히 설명되지 않고, 이어지는 내용에 의존하는 문장들이 있을 수도 있습니다. 그런 부분은 조금 후에, 혹은 끝날 때까지는 설명이 될 것입니다. 그러므로 이 책의 한 부분만 보고 다른 부분을 보지 않는 독자는 쉽사리 오류에 빠지게 됩니다. 내가 말하는 대로 하도록 독자의 사랑에 이렇게 부탁하는 것은 모든 독자들이 그런 오류를 피하도록 하기 위함입니다.

거슬리게 아첨하거나 자기 자신에게나 타인에게 혹평을 가하는 세상적 수다쟁이들, 소문과 험담을 퍼뜨리는 사람들과 잡담을 일삼는 사람들, 모든 종류의 흠을 잡는 사람들은 이 책을 읽지 말기를 바랍니다. 나는 결코 그런 사람들을 위해 위의 주제에 관해 논하고 싶지 않습니다. 그 어떤 교양 있는 성직자들이나 평신도들이 이 책에 참견하는 것도 거부할 것입니다. 그런 사람들이 활동적인 삶에 관한 문제들에 있어서 얼마나 뛰어난지와 상관없이, 내가 쓰고자 하는 주제는 그런 사람들을 위한 것이 아닙니다.

그러나 우리는 한 가지 예외를 두어야 할 것입니다. 겉으로 드러나는 상태는 활동적 영역에 속하지만, 그럼에도 불구하고 보이지 않는 하나님의 영을 통하여(하나님의 결정을 누구도 읽어낼 수는 없습니다) 내적으로 고무되어 가는 사람들의 경우를 위해서 말입니다. 그런 사람들은 풍성한 은혜에 의해 관상의 최고 단계에까지 참여할 수 있게 됩니다. 물론 진정한 관상가들에게 고유한 방식대로 지속적이지는 않지만, 이따금씩 말입니다. 이런 사람들이 이 책을 읽는다면, 하나님의 은혜에 의해 이 책은 그들에게 굉장한 힘의 원천이 될 것입니다.

이 책은 75장으로 나누어집니다. 그 가운데 맨 마지막 장은 특별한 지침을 제시하고 있으니, 곧 그 장에서 각 사람은 자신이 하나님에 의해 이 관상 수행을 하도록 부름을 받고 있는지 아닌지를 경험에 근거해서 알아낼 수 있게 됩니다.

하나님 안에서 나의 영적 친구인 그대여,

나는 그대가 부르심을 받은 길과 그에 따른 영적 생활의 진보에

주의 깊게 관심을 기울이기를 기도하며 요청합니다.

하나님께 마음에서 우러나오는 감사를 드리십시오.

그리하여 그분 은혜의 도우심을 통해서

그대가 지금까지 수행해 온 삶의 상태와 단계,

방식에서 온전한 신중함으로 흔들림이 없이 서 있을 수 있도록 하십시오.

그대의 영과 육에 원수가 교묘하게 가하는 공격에도 말입니다.

그리하여 영원히 지속되는 생명의 면류관을 성취하도록 하십시오.

아멘.

목차

제1장   그리스도인의 삶의 네 단계: 이 책이 대상으로 하고 있는 독자가 그의 소명에 따른 영적 생활에서 어떻게 성장해 가는지에 대해서

제2장   겸손, 그리고 이 책에서 설명하는 관상 수행을 짧게 권고하다

제3장   어떻게 관상 수행을 하게 되는지, 어떻게 이것이 다른 모든 수행보다 더 가치가 있는지

제4장   오랜 시간이 요구되지 않는 관상 수행의 성격: 이것은 지적인 연구에 의해서도, 풍부한 상상력에 의해서도 획득될 수 없다

제5장   관상 수행 동안, 과거, 현재, 미래의 모든 피조물과 그들과 관련한 모든 것은 망각의 구름 속에 감추어져야 한다

제6장   질문과 답변을 통해 관상 수행을 간결하게 이해하기

제7장   관상 수행 동안 일어나는 모든 생각, 특히 자신의 연구와 지식, 자연적 감각에서 비롯되는 생각을 다루는 방법에 대해서

제8장   관상 수행 동안 떠오를 수 있는 의심들을 질문과 답변을 통해 정확하게 다루기. 이성적 연구, 지식, 지적 능력을 억제하기. 활동적인 생활과 관상 생활의 다양한 차원과 구분을 식별하기

제9장   관상 수행 동안에는 하나님께서 창조하신 더없이 거룩한 피조물에 대한 기억을 불러일으킴도 도움이 되기보다는 오히려 방해가 된다

제10장   어떨 때 자신의 생각이 죄에서 자유로운 것인지, 또한 죄가 된다면 어떨 때 무겁고, 어떨 때 가벼운 죄인지를 아는 방법

제11장   모든 생각과 충동은 하나하나 적절하게 평가되어야 한다. 가벼운 죄를 부주의하게 다루지 않도록 항상 조심해야 한다

제12장   우리는 관상 수행을 통해 죄를 없애고 덕을 얻게 된다

제13장   겸손의 종류: 완전한 겸손과 불완전한 겸손

제14장　이 세상 삶에서는 불완전한 겸손에 먼저 이르지 않고서는, 죄인이 완전한 겸손에 이른다는 것은 불가능하다.

제15장　자신의 죄 많음을 상기하는 것보다 스스로를 겸손하게 만드는 더 좋은 방법은 없다고 주장하는 오류에 대한 간결한 논박

제16장　진정으로 마음을 변화하여 관상 수행으로 부름받은 죄인은 이 수행을 통해서 어떤 다른 수행보다 더 신속하게 완전함에 도달한다. 그리고 관상 수행자는 하나님으로부터 가장 빠르게 죄를 용서받는다

제17장　진정한 관상가는 활동적인 생활에 관계하기를 바라지 않으며, 또한 자기를 반대하는 다른 사람의 행위나 말에도 마음을 쓰지 않는다. 진정한 관상가는 자기를 폄하하는 사람에게 스스로를 방어하려고 해서는 안 된다

제18장　마르다가 마리아에 관해 불평하였듯이, 여전히 활동가들은 관상가들에 대해 불평한다. 이런 불평의 원인은 무지이다

제19장　이 책의 저자의 간략한 변론: 활동가들이 관상가들의 말과 행위에 대해 불평하는 것을 관상가들은 너그러이 봐주어야 한다

제20장　자신을 위한 변명을 위해 하나님을 사랑하는 자신의 직분을 떠나려고 하는 욕망을 품지 않는 사람들을 위하여 전능하신 하나님께서는 충분히 답변해 주실 것이다

제21장　"마리아는 이 좋은 편[가장 좋은 몫]을 택하였다"라는 복음서 구절에 대한 올바른 해석

제22장　참으로 회심하여 관상의 은혜로 부름받은 모든 죄인들을 상징하는 마리아에게 부어지는 그리스도의 놀라운 사랑

제23장　하나님께서는 당신께 대한 사랑에 사로잡혀서 자기 자신들을 위해서는 답변하지도, 대비하지도 않는 사람들을 위하여 영적으로 변호해 주고자 하신다

제24장　아가페적인 사랑의 본질. 그런 사랑은 이 책에서 설명하는 관상 수행 안에 섬세하고 완벽하게 포함된다

제25장　관상 수행을 하는 동안에 온전한 영혼은 이 세상 삶에서 그 어떤 사람도 특별하게 여기지 않는다

제26장 관상 수행은 매우 특별한 은혜가 없이는, 혹은 오랜 시기 동안 동반되는 보통의 은혜의 도움으로 꾸준하게 훈련함이 없이는 매우 힘든 것이다. 관상 수행에서 구분되는, 은혜에 의해 도움을 받는 영혼의 활동과 오직 하나님께서 행하시는 활동에 대해서

제27장 누가 이 은혜로운 수행을 할 사람인가

제28장 자신의 모든 구체적인 죄들로부터 양심 안에서 합당하게 벗어나기 전에는 그 누구도 이 수행에 착수하려고 생각해서는 안 된다

제29장 우리는 이 수행에서 오는 고통을 견디고 아무도 판단하지 않으면서, 끈기 있게 수행에 정진해야 한다

제30장 누가 다른 사람들의 잘못을 판단하거나 꾸짖을 만한가

제31장 관상 수행을 처음 할 때 일어나는 모든 사악한 생각과 충동들을 어떻게 스스로 다루어야 하는가

제32장 관상 수행을 처음 시작하는 사람에게 도움이 되는 두 가지 영적 장치

제33장 관상 수행에서 영혼은 자신의 특정한 죄들과 그로 인한 벌에서 용서함을 받는다. 그렇다 하더라도 이 세상 삶에서 완전한 안식이란 없다

제34장 하나님은 죄를 파멸시키는 은혜를, 선행하는 어떤 원인 없이 자유롭게 주신다. 그 은혜는 특정한 수단에 의해서 획득될 수 없다

제35장 관상 수행에 들어선 초신자가 해야 할 세 가지 일: 독서하기, 성찰하기, 기도하기

제36장 이 책이 설명하고 있는 관상 수행을 계속하여 정진해 온 사람들이 하는 묵상

제37장 이 책이 설명하고 있는 대로 계속하여 관상 수행을 하는 사람들의 특별한 기도

제38장 어떻게 그리고 왜 관상가들의 짧은 기도가 하늘에 닿는지에 대해

제39장 기도의 본질: 만약 소리 내어 기도를 한다면, 그 기도는 기도의 본질에 맞아야 한다. 완전한 관상가는 어떻게 기도해야 하는가

제40장 관상 수행을 하는 동안에 영혼은 특정한 악덕이나 덕, 혹은 그것들의 본성에 주의를 기울여서는 안 된다

제41장 분별력은 모든 다른 수행들에 적용되지만, 관상 수행은 예외이다

제42장 관상 수행에서 분별력을 사용하지 않음으로써 우리는 모든 것들 안에서 분별력을 성취하게 된다. 분명히 이런 성취는 다른 방법에서는 가능하지 않은 것이다

제43장 관상 수행의 완덕이 이 지상의 삶에서 참으로 체험되기 위해서는 자기 자신의 존재에 대한 모든 의식과 경험을 버려야 한다

제44장 영혼이 그 자신의 존재에 대한 모든 인식과 경험을 통제하기 위해 스스로를 어떻게 다듬어야 하는지에 대해

제45장 관상 수행 중에 일어날 수 있는 특정한 착각들에 대한 자세한 설명

제46장 어떻게 이런 착각들에 빠지는 것을 피할 것인가에 대한 주의 깊은 가르침: 관상 수행은 신체적 노력보다는 영적 열의를 필요로 한다

제47장 관상 수행에서 요구되는 영혼의 깨끗함에 관한 주의 깊은 가르침: 어떻게 영혼이 그 자신의 갈망을 각각 하나님과 사람에게 다른 방식으로 알려야 하는가

제48장 하나님은 우리가 육신과 영혼 모두를 통하여 당신을 섬기기를 바라시고, 또한 우리의 육신과 영혼 모두에 대해 우리에게 보상해 주신다. 기도 시간에 육신의 감각에 영향을 미치는 소리와 감미로움이 선한 것인지 악한 것인지를 우리가 어떻게 알 수 있는가

제49장 완덕의 본질이란 다름 아닌 바로 선한 의지이다. 이 세상 삶에서 우리에게 영향을 미치는 모든 감각적인 소리와 위로, 감미로움이 어떻게 이 완덕에 우연적인[비본질적인] 요소가 되는지

제50장 순결한 사랑이란 어떤 것인가. 어찌하여 감각적인 위로가 어떤 사람들에게는 좀처럼 주어지지 않는 반면 다른 이들에게는 매우 자주 주어지는가

제51장 영적으로 이해해야 할 것을 물리적으로 해석하지 않도록, 특히 "안에서"와 "위로"라는 말들을 물리적으로 해석하지 않도록 우리는 매우 주의를 기울여야 한다

제52장 어떻게 경험 없는 초심자들이 주제넘게 "안에"라는 단어를 잘못 해석하는지, 그리고 이것에 따라오는 착각들이 어떤 것인지

제53장 관상 수행에 아무런 경험이 없는 사람들에게서 다양한 종류로 나타나는 부적절한 외형적 행동

제54장 관상 수행에 의해서 우리는 자신의 육신과 영혼 모두를 지혜롭고 품위 있게 다스리는 법을 배운다

제55장 분별력 없이 지나친 열정으로써 죄를 정죄한다는 것은 잘못된 것이다

제56장 거룩한 교회의 통상적 가르침과 권고보다 지적인 통찰이나 사변적인 신학자들에게 더 주목하는 것은 정도에서 벗어나는 것이다

제57장 미숙한 제자들은 주제넘게 "위로(up)"라는 단어를 잘못 이해하며 그런 것에서 착각이 뒤따르게 된다

제58장 우리가 기도할 때, 성 마틴과 성 스데반을 물리적으로 위를 향하는 상상을 힘껏 작용시키는 본보기로서 삼아서는 안 된다

제59장 그리스도께서 육신의 몸으로 승천하셨음을, 우리가 기도할 때 감각적인 상상으로 위를 향하려고 애를 쓰는 본보기로서 간주해서는 안 된다. 이 영적인 수행을 하는 동안 우리는 시간, 장소, 육신을 완전히 잊어버려야 한다

제60장 천국으로 가는 가장 확실하고 빠른 길은 "야드(yard)"로 재는 것이 아니라 갈망으로 측정된다

제61장 육적인 모든 것은 영적인 것의 지배를 받는다. 육적인 것이 영적인 것의 지도에 따르는 것이 자연의 질서이며, 영적인 것이 육적인 것을 뒤따르지 않는다

제62장 어떻게 우리는 다음의 경우를 분별할 수 있는가: 우리의 영적인 행위가 우리 자신 이레에 있거나 밖에 있는 것과 관련되는 경우인지, 우리 내부에 있고 또 우리 자신에 동등한 것과 관련되는 경우인지, 혹은 우리 위에 있고 하나님 아래 있는 것과 관련되는 경우인지

제63장 영혼의 전반적인 능력에 대해서. 특히, 정신(mind)이 어떻게 그 자체로 다른 능력과 모든 활동을 포함하는 우선적인 능력이 되는지에 대해서

제64장 다른 주요한 두 능력인 이성과 의지, 그리고 원죄 이전과 이후 그것들의 활동에 대해서

제65장 둘째가는 능력 중 첫 번째인 상상력에 대해서. 원죄 전과 후, 상상력의 활동에 대해서. 그리고 이성에 따르는 상상력의 복종에 대해서

제66장 감각성이라 불리는 다른 나머지 둘째가는 능력에 대해서. 원죄 전과 후, 감각성의 활동에 대해서. 그리고 의지에 따르는 감각성의 복종에 대해서

제67장 우리가, 영혼의 능력 그리고 그 능력이 작용하는 방식을 알지 못한다면, 우리는 영적인 말과 행동을 이해함에 있어서 쉽게 기만을 당하게 될 것이다. 우리의 영혼은 은혜를 통해 거룩하게 된다

제68장 육신의 감각에 아무 데도 존재하지 않는 것은 영적으로 모든 곳에 존재하는 것이다. 우리의 외형적 인간성은 이 책에 기록된 일에 대해서 아무것도 생각하지 못한다

제69장 사람의 애착(affections)이 아무 데도 아닌 곳(nowhere)에서 생겨나는 이 아무것도 아닌 무(nothing)를 영적으로 체험하게 되면서 어떻게 놀랍게 변화되는가

제70장 우리 육신의 감각을 침묵시키면 아주 용이하게 영적인 것을 경험하게 된다. 마찬가지로 우리의 영적인 기능을 침묵시키면 이 현세의 삶에서 은혜에 의해 가능한 대로 하나님께 대한 경험적 지식에 이르게 된다

제71장 어떤 이들은 황홀감 안에서 이 수행의 극치를 경험하게 된다. 그러나 또 다른 사람들은 보통의 의식 상태 안에서 자신들이 원할 때마다 이 수행의 극치를 경험할 수 있다

제72장 늘 이 관상 수행을 하는 사람은 다른 관상가들도 당연히 자신이 하는 바로 그 경험을 하리라고 생각해서는 안 된다

제73장 하나님 언약의 궤를 대하는 모세, 브살렐, 아론의 태도를 통해, 우리가 하나님께서 주시는 관상의 은혜 안에서 어떻게 수행해야 하는지에 대한 세 유형을 보여준다. 그런 점에서 관상의 은혜는 하나님 언약의 궤 안에서 예표된다

제74장 이 책의 주제가 되고 있는, 관상 수행을 위해 제대로 준비가 된 사람은 관상에 대해서 읽거나 말할 수 없다. 한편, 관상에 대한 내용이 낭독되는 것을 듣거나 말해지는 것을 들을 수 없을 때, 그 사람은 이 수행에 정말로 적합하다고 느끼지 않는 사람이다.

제75장 우리가 이 수행을 시작하도록 하나님에 의해 부르심을 받았는지 아닌지를 시험해 볼 수 있는 분명한 표시에 대하여

제1장

그리스도인의 삶의 네 단계: 이 책이 대상으로 하고 있는 독자가 그의 소명에 따른 영적 생활에서 어떻게 성장해 가는지에 대해서

하나님 안에서 영적 친구인 그대여, 우리 인간의 다소 미숙한 판단에 의한 것이긴 하지만, 그리스도인의 삶에는 네 단계와 그에 따른 형태가 있다는 것을 당신은 알아야 합니다. 그것들은 곧, 평범한 삶, 특수한 삶, 뛰어난 삶, 완전한 삶입니다. 그 가운데 셋은 이 세상의 삶에서 시작되고 끝납니다. 마지막의 완전한 삶은 이 세상의 삶에서 은혜를 통해 시작될 수 있으나, 천상의 행복 안에서 끝이 없이 지속될 것입니다.

이 단계들은 순서대로 진행됩니다. 우선 평범한 삶, 그다음으로 특수한 삶과 뛰어난 삶, 그리고 마지막으로 완전한 삶이 이어집니다. 내가 생각하기에, 우리 주님께서는 바로 이와 같은 방식으로, 그 순서와 진보에 따라 우리를 당신의 큰 자비 안에서 부르시고, 우리 마음의 갈망에 근거하여 우리를 자신에게로 인도해 오신 것입니다.

우선 첫째로, 우리는 이 세상 안에서 우리의 친구들과

함께 그리스도교적 삶의 평범한 단계를 살았다는 것을 잘 알고 있습니다. 하나님께서는 영원한 사랑을 통하여 우리를 창조하시고, 우리가 아무것도 아니었을 때 우리를 지으셨으며, 아담 안에서 우리가 길을 잃었을 때 그분의 귀한 피의 대가로써 우리를 속량하셨습니다. 그런 하나님의 사랑은 우리가 우리 삶의 방식과 상태에서 그분으로부터 아주 멀리 떨어져 있도록 내버려 두지 않으실 것입니다. 그리하여 그분께서는 큰 은총으로 우리의 갈망이 타오르게 하셨고 그 갈망이라는 끈을 그분의 은총에 동여매셨습니다.

이렇게 하여 그분께서는 우리를 보다 더 특별한 삶의 상태와 단계로 이끄셨습니다. 그분의 특별한 종들 가운데 한 사람이 되도록 말입니다. 그 단계에서 우리는 이전에 했던 것보다, 즉 평범한 그리스도인의 삶에서 할 수 있었던 것보다 더 영적이고 더 특별하게 그분의 은혜 안에서 사는 법을 배우게 됩니다.

그뿐만 아니라, 그분께서는 그렇게 쉽사리 우리를 홀로 내버려 두지는 않으셨던 것으로 보입니다. 우리가 처음 존재한 이후부터 우리를 위해 항상 지니고 계셨던 그분 가슴에 있는 사랑 때문에 말입니다. 하나님께서 하셨던 일은 무엇입니까? 하나님께서 어떤 사랑으로 그리고 어떤 은혜로 우리를 그리스도인의 삶의 세 번째 단계와 방식으로 불러주셨는지를 우리가 알지 않습니까? 그것은 뛰어난 삶으로 불립니다. [수도사로] 홀로 사는 이 삶의 방식과 상태 안에서 우리는 우리의 사랑의 발을 들어 올리고, 마지막 단계인 완전한 그리스도인의 삶의 상태를 향하여 나아가는 법을 배우게 됩니다.

제 2 장

겸손, 그리고 이 책에서 설명하는 관상 수행을 짧게 권고하다

 연약한 피조물이여, 높은 곳을 우러러보며 당신 자신이 어떤 존재인지를 깨달으십시오. 당신은 무엇입니까? 어떻게 그대는 우리 주님에 의해 부르심을 받기에 합당하게 되었습니까? 참으로 힘들고 비참한 마음은 하나님의 사랑의 끌어당기는 힘에 의해서도, 또한 그분께서 부르시는 목소리에도 깨어나지 않은 채 나태함에서 깊이 잠자고 있는 마음입니다! 또한 가련한 이여, 지금은 당신의 원수를 조심해야 할 때입니다. 그저 이런 부르심이 가치가 있다거나, 당신의 삶의 방식이 뛰어나다고 해서 스스로를 더 거룩하다거나 더 낫다고 여기지 마십시오. 당신이 받은 소명에 따라 살기 위해 당신의 내면에 속한 모든 것을 그분의 은혜와 인도하심에 맡기지 않는다면, 당신은 스스로를 한층 더 가련하고 저주받은 사람으로 간주해야 합니다.

 당신은 그대의 영적 신랑이신 전능하신 하나님, 스스로 왕 중의 왕이요 만왕의 주님이신 그분께 온순하고 애정어린 사람이어야 합니다. 그것은 그분이 우리처럼 되시기 위하여 자신을 스스로 낮추기를 원하셨기 때문입니다. 또한 하나님의 모든 양 무리 중에 그대를 은혜롭게 선택하심으로써 자신의 특별한 제자들 중 하나로 삼으시기를 원하셨기 때문입니다. 그런 다음 그분께서는 그대를 이 목초지로 데려다 놓으시고, 그대가 그분의 달콤한 사랑을 공급받아 먹도록 하셨습니다. 이 모든 것이 그대가 상속받을 하늘 왕국의 보증입니다.

그러니 바라건대 신속하게 밀고 나가십시오. 뒤에 있는 것은 신경 쓰지 말고 지금 앞을 바라보십시오. 당신이 이미 가진 것이 아닌, 당신에게 아직 부족한 것을 보십시오. 이렇게 하는 것이 가장 빨리 온유함을 얻고 유지하는 길이기 때문입니다. 만약 당신이 완덕의 길에서 진전을 이루고자 한다면, 그대는 일생을 그에 대한 갈망을 품고 꾸준히 나아가야 합니다. 그 갈망이 전능하신 하나님의 능력에 의해 또한 당신 자신의 동의와 함께 당신의 의지 안에서 항상 작용하고 있어야 합니다.

그러나 한 가지를 강조하고자 합니다. 하나님은 질투하는 애인과도 같아서 어떤 협력도 허락하지 않으시고, 따라서 오직 그대와만 함께 그분 홀로 있을 수 없다면, 하나님은 그대의 의지 안에서 역사하시기를 원하지 않으신다는 점입니다. 하나님은 도움을 요구하지 않으시고, 다만 그대 자신을 원하십니다. 하나님께서 뜻하시는 바는, 그대가 그저 하나님을 응시한 채 그분 홀로 역사하시도록 내어 드리는 것입니다. 당신의 몫이 있다면 그것은 날벌레들과 적들의 침투에 대비하여 창문과 문을 살펴두는 일입니다.

당신이 기꺼이 이렇게 하려고 할 때, 당신에게 요구되는 일이란 하나님께 기도로 겸손하게 호소하는 일입니다. 그러면 즉시 하나님께서는 당신을 도우실 것입니다. 그러니 하나님께 간청하십시오. 그러고 나서는 그대가 어떻게 되는지를 보도록 합시다. 하나님께서는 항상 준비를 갖추신 채로 당신을 기다리십니다. 그러니 당신은 이제 무엇을 하렵니까? 어떻게 하나님을 감동시키려고 합니까?

제3장

어떻게 관상 수행을 하게 되는지, 어떻게 이것이 다른 모든 수행보다 더 가치가 있는지

 사랑의 겸손한 추진력으로 그대의 마음을 하나님께 들어 올리십시오. 하나님으로부터 기대되는 어떤 것이 아니라 그분 자신을 그대의 목적으로 삼으십시오. 하나님이 아닌 다른 어떤 것에 관해 생각하지 않도록 주의하십시오. 그리하여 하나님 외에는 당신의 이성이나 의지가 관여하는 대상이 없도록 말입니다. 하나님께서 창조하신 모든 피조물과 그 행위를 잊기 위해서 당신이 내적으로 할 수 있는 모든 것을 하십시오. 그리하여 어떤 생각이나 어떤 욕망도 그 피조물과 관계되는 어떤 것으로, 일반적으로든지 특별하게든지, 향하거나 뻗어 나가지 못하도록 하십시오. 그러한 대상들을 내버려 두고 관심을 두지 마십시오. 이런 것이 바로 하나님을 가장 기쁘시게 하는 영혼의 작업입니다.

 모든 성인과 천사도 이러한 수행을 두고 기뻐하고, 그들은 모든 힘을 다해 그런 수행을 돕기를 열망합니다. 모든 악마들은 당신이 그런 수행을 해나갈 때 격노하여, 그들이 할 수 있는 한 그 일을 파괴시키는 것을 본업으로 삼습니다. 이런 수행이 지상에 거하는 모든 사람들에게 얼마나 놀라운 도움을 줄 수 있는지 우리는 알지 못합니다. 그렇습니다. 연옥에 있는 영혼들은 다른 어떤 수단이 아니라 바로 이런 수행으로 훨씬 수월하게 그들의 고통을 벗어나고 정화되어 덕스러워집니다. 그런데 이런 것은 모든 수행들 가운데 가장 쉬운 수행이고 또 가장 용이하게 성취될 수 있습니다. 그것을 갈망하는 영혼이 은혜를 힘입어 말입니다. 그렇지 않다면 당신이 이런 수행을 한다는 것은 엄청나게 힘든 일이 될 것입니다.

그러니 머뭇거리지 말고 당신이 그런 갈망을 경험할 때까지 계속해서 은혜 안에서 수행하십시오. 당신이 처음 수행을 하기 시작할 때, 발견하는 것이라곤 온통 어두움, 일종의 무지의 구름입니다. 이때 당신은 그것이 무엇인지를 알지 못합니다. 다만 당신은 자신의 의지 안에서 하나님께 단순하게 접근하는 것을 체험하게 됩니다. 그 어두움, 그 구름이 항상 당신과 하나님 사이에 끼어 있을 것입니다. 당신이 무엇을 하든지, 그 어두움, 그 구름은 당신이 이성을 통한 이해의 빛으로 하나님을 분명하게 보는 것을 막고, 또한 당신이 감성을 통한 사랑의 달콤함 안에서 그분을 체험하는 것을 막게 됩니다.

그러니 당신이 사랑하는 하나님을 향해 항상 크게 부르짖으면서, 당신이 할 수 있는 한 그 어두움 안에서 머무를 수 있도록 하십시오. 당신이 하나님을 이 세상에서 가능한 대로 볼 수 있거나 체험할 수 있다고 해도, 그것은 언제나 그 어두움과 구름 안에서랍니다. 당신이 내가 명한 대로 모든 주의를 기울여 수행을 한다면, 내가 믿기로 당신은 하나님의 자비 안에서 그 지점에 도달하게 될 것입니다.

제4장

오랜 시간이 요구되지 않는 관상 수행의 성격: 이것은 지적인 연구에 의해서도, 풍부한 상상력에 의해서도 획득될 수 없다

 당신이 관상 수행 중에 실수하지 않고, 이런 수행을 실제와 다르게 이해하지 않도록, 관상 수행에 대한 나의 생각을 조금 더 언급하고자 합니다.

 관상 수행이 완성되기까지, 어떤 사람들이 생각하듯이 그리 오랜 시간이 요구되지는 않습니다. 이 수행은 우리가 상상할 수 있는 모든 수행 중 가장 짧은 것입니다. 하나의 아톰(atom)보다 더 길지도 않고 더 짧지도 않습니다. 훌륭한 천문학자들의 정의에 따르면, 아톰은 시간의 가장 작은 단위입니다. 시간의 그 단위는 너무나 작아서 더 나누어질 수도 없고 또 거의 감지되지도 않습니다. 그런 시간에 관해서 다음과 같은 글이 있습니다.

 "모든 시간이 당신에게 주어져 있다. 그대가 그 시간을 어떻게 사용했는지에 대해 질문이 던져질 것이다."

 당신이 그 물음에 답해야 함은 당연한 것입니다. 당신이 사용한 시간은 그대의 영혼 안에 작용하는 주요한 힘,

즉 그대의 의지를 발동시키는 각각의 자극에 정확하게 상응합니다. 한 시간 안에 존재하는 아톰들의 수보다 더 하지도 덜 하지도 않은 수의 갈망과 선택들이 그대의 의지 안에 한 시간 동안 존재합니다.

만약 당신이, 인간이 타락하기 전에 지녔던 원초적인 영혼의 상태를 은혜를 통해 회복한다면, 당신은 바로 그 은혜를 힘입어 항상 모든 충동을 통제할 수 있을 것입니다. 그 어떤 내적 충동들도 무시되지 않은 채, 오히려 그 모든 것들은 그대의 의지와 갈망의 탁월하고도 지고한 목표가 되시는 바로 그 하나님께 이르게 될 것입니다.

하나님께서는 당신 자신의 신성을 우리 영혼들에 맞게 조정하심으로써 자신이 우리에게 정확히 들어맞게 하셨습니다. 하나님의 모양을 따라 지음 받은 소중한 우리의 영혼도 틀림없이 하나님께 들어맞습니다. 어떤 다른 존재가 아닌, 하나님만이 스스로 우리 영혼의 갈망과 뜻을 충족시키기에 충분하고도 남음이 있습니다.

하나님께서 베푸시는 변화시키는 은혜로 인해서 우리의 영혼은 하나님의 모든 것에 대한 사랑을 통해 온전히 이해할 수 있습니다. 사실 창조된 그 어떤 지식의 능력, 곧 천사의 영혼이나 뛰어난 인물들의 영혼도 하나님을 이해하지 못합니다. 내가 말하는 것은 그 존재들의 사랑이 아니고 그들의 지식입니다. 내가 이 경우에 그들의 영혼을 지식의 능력이라고 부름은 이 때문입니다.

모든 이성적 피조물들인 천사와 인간은 자기 안에 두 가지 주요한 힘, 즉 지식의 능력과 사랑의 능력을 지니고 있습니다. 이 두 가지 힘 중에서 첫 번째인 지식의 능력으로는 그 모든 것을 창조하신 하나님을 이해할 수 없게 마련입니다.

그러나 각 사람은 두 번째 힘인 사랑의 능력을 통해 하나님을 온전히 이해할 수 있습니다. 사랑하는 한 영혼은 그 사랑으로 인해 저절로 하나님을, 다시 말해 존재할 수 있는 천사들과 사람들의 모든 영혼을 무한하게 채우기에 충분하고도 또 남음이 있는 그런 하나님을 알 수 있게 된다는 점에서입니다.

이것은 영원토록 놀라운 사랑의 기적이고 결코 끝이 없는 것입니다. 왜냐하면 하나님께서 그렇게 하시기를 결코 중단하지 않으시며 항상 그 사랑의 기적을 낳으실 것이기 때문입니다.

은혜에 의해 하나님을 알 수 있게 된 사람은 바로 이런 점을 인식해야 합니다. 이런 사랑의 기적을 체험하는 일은 끝없는 행복인 반면, 그렇지 못함은 끝없는 고통입니다.

만일 어떤 사람이 의지에서 나오는 충동들을 계속해서 제어할 수 있도록 은혜에 의해서 변화된다면, 그는 지상의 삶에서 조차 영원한 기쁨을 항상 누릴 것이며, 천상에서 그 기쁨은 완전히 실현될 것입니다. 인간은 본성으로는 그런 충동들을 벗어날 수 없답니다. 그러하니 내가 그대에게 이런 수행을 하도록 강력하게 촉구한다고 하더라도 놀라지 마십시오.

당신이 나중에 다시 듣게 될 테지만, 이런 수행은 인간이 만약 죄를 짓지 않았다면 중단없이 계속되었을 것입니다. 사람은 이런 일을 위해 창조되었으며, 다른 모든 것은 사람들이 이런 목적을 이루는데 도움이 되도록 창조된 것입니다.

이 관상 수행에 의해서 사람은 본래대로 회복될 것입니다. 이 수행이 결핍되어 사람은 갈수록 더 깊이 죄에 빠지고 하나님으로부터 점점 더 멀어지게 됩니다. 인내하며 끊임없이 이 수행을 실천해 나감을 통해서만 사람은 죄로부터 점점 더 멀어져 하나님께로 더 가까워지게 됩니다.

그러므로 시간을 중히 여기고 그대가 그것을 어떻게 사용하는지를 잘 살피십시오. 시간보다 더 귀중한 것은 없습니다. 어느 한 순간에 하늘나라를 얻을 수도 있고 잃을 수도 있습니다. 시간이 소중하다는 표지는 이렇습니다. 우리에게 시간을 부여하신 하나님께서는 두 개의 시간을 결코 한꺼번에 주시지 않고 하나씩 차례로 주십니다. 그 이유는 하나님께서는 당신이 창조하신 세계 안에서의 질서를, 그리고 원인들이 만들어내는 규칙적인 흐름을 뒤집는 것을 거부하시기 때문입니다.

시간이 사람을 위하여 창조된 것이지 사람이 시간을 위하여 창조된 것이 아닙니다. 따라서 자연을 다스리시는 하나님께서는, 사람에게 시간을 주실 때 사람의 영혼 안에 있는 자연발생적 충동을 앞지르지 않도록 하십니다. 사람의 본성적인 충동 하나는 시간의 한 단위에 정확히 상응합니다. 그러므로 심판 때가 되어 우리가 어떻게 시간을 사용했는지에 대해 설명할 때, 하나님 앞에서 아무 핑계도 댈 수 없게 됩니다. 그 누구도 이렇게 말할 수 없을 것입니다.

"당신께서는 한 번에 두 개의 시간을 주셨으나, 저는 한 번에 오직 하나의 충동을 일으킵니다."

이제 당신은 비탄에 잠겨 이렇게 말할 것입니다.

"저는 어떻게 살아야 한다는 말입니까? 당신이 말하는 것은 사실이므로, 제가 어떻게 시간의 모든 단위를 일일이 설명하겠습니까? 저는 지금 스물네 살인데 이날까지

제4장 • 31

시간에 대해 주의를 기울인 적이 결코 없었습니다. 당신이 이제까지 기록하신 내용에 근거하여 잘 아시는 것처럼, 나는 이미 지나간 순간들을 사용하여 내가 잘못 사용한 과거를 만족스러운 것으로 만들 수 없습니다. 그것은 자연의 차원에서나 은혜의 차원에서나 있을 수 없는 일입니다. 나는 미래에 주어지는 시간만을 사용할 수 있을 뿐입니다. 게다가, 나는 내가 얼마나 형편없이 연약하며 영적으로 둔한지를 잘 알기 때문에, 앞으로 주어질 시간 중에서 백 개 중에 하나에만 주의를 기울일 수 있을 뿐입니다. 내가 얼마나 비참한 곤경에 처해 있습니까! 그러니 예수님의 사랑으로 저를 도와주십시오."

앞에서 "예수님의 사랑으로"라고 한 말은 매우 적절한 것입니다. 왜냐하면 예수님의 사랑 안에 그대를 위한 도움이 있기 때문입니다. 사랑의 힘은 몹시 강력해서 모든 것을 공동의 것으로 만든답니다. 그러니 예수님을 사랑하십시오. 그러면 그분에게 속한 모든 것이 당신의 것이 될 것입니다.

예수님께서는 그 신성에 따라 시간의 창조자이며 증여자이십니다. 반면에 [예수님께서는] 인성에 따라서는 시간의 관리자이십니다. 그리고 신성과 인성을 동시에 지니시는 그분은 우리가 시간을 어떻게 사용했는지를 가장 잘 심판할 수 있는 분이십니다.

사랑과 믿음을 통해 그대 자신을 예수님께 굳게 연합하십시오. 그런 연합을 통해 그대는 예수님뿐 아니라 당신처럼 사랑으로 그분께 연합되어 있는 모든 이들과 함께 시간을 분별하는 사람이 될 것입니다. 다시 말해, 은혜가 충만하여 흘러가는 모든 순간에 완벽하게 주의를 기울였던 성모 마리아, 절대로 시간을 헛되이 쓴 적이 없는 하늘의 모든 천사들, 예수님의 은혜로 사랑에 근거하여 공정하게 모든 순간에 주의를 기울이는 하늘과 땅의 모든 성인들과 함께 말입니다.

이런 것에 얼마나 큰 위로가 있는지를 눈여겨보십시오. 신학자처럼 이런 것을 이해하여 그로부터 유익을 얻으십시오. 다만 나는 당신에게 무엇보다 앞서 한 가지를 경고합니다.

나는 누구든지 은혜를 힘입어 매 순간에 주의를 기울이지 않는 사람은 예수님이나 그분의 거룩한 어머니, 하늘의 천사들, 그리고 모든 성인들과 그런 면에서 교제를 나눈다고 주장할 수 없다고 생각합니다.

그러므로 우리는 각자가 아무리 작더라도 자기 역할을 감당함으로써 공동체의 유익에 기여하는 사람이 되어야 합니다.

그러므로 이런 수행, 그리고 그것이 그대의 영혼 안에서 역사하는 놀라운 방식에 세심한 주의를 기울이십시오. 제대로 이해한다면, 그것은 어떤 갑작스러운 충동과도 같은 것입니다. 난데없이 하나님께로 신속하게 날아오르는 그런 충동은 마치 달구어진 석탄에서 불꽃이 솟아오르는 것과도 같습니다.

또한 놀라운 것은, 이 수행으로 적절하게 훈련된 영혼 안에서 한 시간에 발생할 수 있는 그런 충동이 얼마나 많은가 하는 것입니다. 그 가운데 일어나는 하나의 충동을 통해서도 우리는 모든 피조물을 갑자기, 그리고 완벽하게 잊을 수 있습니다.

또한 각 충동이 일어난 후에는, 우리의 육신의 타락함 때문에 한순간 고양되었던 영혼은 마찬가지로 재빠르게 하강해, 자신이 했거나 하지 않은 어떤 일이나 다른 생각에 다시 떨어지게 됩니다. 그러나 개의치 마십시오. 영혼은 다시, 이전에 그러했던 것같이 어느 순간 갑자기 상승하게 됩니다.

따라서 이런 경험을 통해서 우리는 그런 이치가 작동하는 방식을 즉시 이해할 수 있습니다. 그리고 분명하게 깨닫게 되는 점은, 이런 것이 결코 어떤 환상이나 그릇된 공상이나 이상한 견해가 아니라는 것입니다. 그런 환상이나 공상 등은 바로 그 경건하고 겸손하며 소박한, 사랑의 충동 때문에 일어나는 것이 아니라, 그저 교만하고 사변적이며 지나치게 상상하기 좋아하는 이론에 의해 만들어집니다. 이런 관상 수행을 정결한 영혼으로 이해하기 위해서는, 그와 같은 교만하고 정교한 사변들을 즉각적으로 밀어뜨려 밟아 뭉개야 합니다.

만약 누가, 관상 수행은 지적인 작업을 통하여 달성돼야 하며, 그런 일이 가능하다는 말을 들은 후에, 앉은 채로 그런 일이 어떻게 가능한지를 생각하며 머리를 짜내는 사람은 그와 같은 교묘한 추론으로 자신의 상상력에 폭력을 가하는 사람입니다. 그것은 우리의 영혼에도 육신에도 들어맞지 않는 잘못된 수행 방식을 만들어 내기 위해서 우리 생각의 자연스러운 능력의 범위를 벗어나는 일이 될 것입니다. 정말로 그런 사람은 그 누구든 간에 위험하게 현혹되고 있는 것입니다.

그 위험성이 매우 크기 때문에, 그런 사람에게 선하신 하나님께서 크신 자비를 드러내시어 신속하게 망상으로부터 그를 벗어나게 하시어, 마침내 관상 수행에서 경험이 풍부한 사람들의 지도 아래 그가 순순히 머물도록 해 주시지 않는다면, 그 사람은 광포함에 압도되어 버릴 것입니다. 아니면 다른 큰 피해나 영적인 죄, 악마의 속임

수에 떨어지게 될 것입니다. 이렇게 되면 그의 육신과 영혼은 반드시 영원히 강탈당하게 됩니다.

그러므로 제발 이 관상 수행에서 어떤 방식으로든지 그대의 상상력이나 관념을 통해 훈련하지 않도록 주의하십시오. 내가 진실로 말하건대, 이 수행은 그런 방법으로 성취될 수 없습니다. 그러니 그런 것들을 제쳐 두고, 결코 이용하지 마십시오.

내가 이 수행을 어둠 또는 구름이라고 일컫는다고 해서 그것을 수증기로부터 형성되어 하늘에 떠 있는 구름 같은 것으로, 혹은 촛불이 꺼져버려 밤에 당신의 집이 캄캄해질 때의 어둠 같은 것으로 생각지 마십시오. 자신도 모르는 사이에 작용하는 공상에 의해 그대는 그런 어둠 혹은 그런 구름을 마치 그것이 눈앞에 있는 듯이 분명하게 떠올릴 수 있습니다. 당신이 아주 선명한 여름날에 있어도 말입니다. 마찬가지로, 겨울날 아주 어두운 밤에도 그대는 밝게 빛나는 빛을 떠올릴 수 있습니다.

그러나 그런 거짓된 것을 상관하지 말고 내버려 두십시오. 나는 결코 그런 종류의 것을 말하려는 것이 아닙니다. "어두움"이라고 할 때 내가 의미하는 것은 앎의 결핍입니다. 그대가 알지 못하거나 잊어버린 것이 무엇이든 그대가 그것을 내면의 눈으로 볼 수 없기 때문에 그러한 것이 그대에게는 어두움인 것과도 같습니다. 이런 이유로 하나님과 당신 사이에 있는 그것은 하늘에 있는 구름이 아니라 무지의 구름이라 불립니다.

제5장

관상 수행 동안, 과거, 현재, 미래의 모든 피조물과 그들과 관련한 모든 것은 망각의 구름 속에 감추어져야 한다

설사 당신이 이 구름에 도달하여 내가 명한 대로 그 안에서 머무르면서 수행을 한다고 해도, 그대와 하나님 사이에는 무지의 구름이 그대 위에 있습니다. 마찬가지로 그대는 그대의 아래에 망각의 구름을 두어야 합니다. 그것은 당신과 모든 피조물 사이에 두는 망각의 구름입니다. 무지의 구름이 당신과 하나님 사이에 놓여 있기 때문에 당신이 하나님으로부터 아주 멀리 떨어져 있는 것처럼 여겨질 것입니다. 그러나 합당하게 생각해 보면, 그대가 모든 피조물들과 그대 사이에 망각의 구름을 두지 않을 때 그대는 분명 하나님으로부터 훨씬 더 멀어지게 될 것입니다.

내가 "지금까지 있어 온 모든 피조물"이라고 할 때, 그것은 피조물 자체뿐만 아니라 그 피조물과 관련되는 모든 일과 상황들을 다 포함하여 가리킵니다. 그 피조물이 육신적인 존재이든 영적인 존재이든, 그 상태와 활동에서 선한 것이든 악한 것이든 나는 어떤 예외도 두지 않습니다. 한마디로 말해, 내가 뜻하는 것은, 모든 것들이 망각의 구름 아래 덮어져야 한다는 것입니다.

어떤 특정한 피조물들의 상태나 행위들에 대해 생각하는 것은 매우 유익한 경우가 있기는 하지만, 이런 관상 수행에서 거의 또는 전혀 유익이 되지 않습니다. 이유가 무엇이겠습니까? 하나님께서 만드신 어떤 피조물에 관해서, 혹은 그들의 일에 관해서 생각한다거나 마음을 집중하게 되는 것은 일종의 내적인 빛과 관련이 됩니다. 당신 영혼의 눈은 그 대상에 열리고 고정될 것입니다. 활을 쏘는 사람의 눈이 그가 겨냥하는 과녁에 고정되듯이 말입니다.

내가 하는 말을 명심하십시오. 이 수행의 시간 동안에 당신이 생각해야 하는 모든 것은 당신 위에 있는 것, 다시 말해 당신과 하나님 사이에 있는 상태입니다. 그대의 마음 안에 하나님만이 아니고 다른 것이 있는 한, 그대는 그것으로 인해서 하나님으로부터 더 멀어지게 됩니다.

그렇습니다. 좀 더 자세하게 제대로 말하자면, 이 관상 수행에서 하나님의 훌륭하심이나 관대하심에 대해, 또는 성모 마리아나 성인들, 하늘의 천사들에 대해, 천상의 기쁨에 대해서조차 생각하는 것이 아무런 유익이 되지 않습니다. 다시 말하자면, 마치 당신의 목표가 그런 것에 의해 채워지고 증가되기를 바라기라도 하는 듯이 당신이 그 대상들에 특별히 집중함은 아무런 도움이 되지 못합니다. 비록 하나님의 자비에 대해 생각하고 또 그 때문에 그분을 찬양하고 사랑하는 것이 좋은 것이지만, 이런 관상 수행에서 그렇게 하는 것은 결코 현명한 것이 아니라고 나는 믿습니다. 오히려 이 경우 훨씬 더 좋은 방법은, 하나님의 존재만을 생각하고 그 현존으로 그분을 찬양하고 사랑하는 것입니다.

제6장

질문과 답변을 통해 관상 수행을 간결하게 이해하기

그런데 이제 당신은 내게 이런 질문을 던질 것입니다. "제가 어떻게 하나님 존재 자체에 대해 생각할 수 있습니까? 그분은 어떤 분이십니까?"

이에 대해 내가 대답할 수 있는 것이라곤 "나도 모릅니다"입니다. 왜냐하면 그대의 질문으로 그대는 나를 바로 그 어두움으로, 바로 그 무지의 구름으로, 곧 내가 당신이라면 가게 될 그 무지의 구름으로 데려다 놓는 것이기 때문입니다. 어떤 인간이 은혜를 통해서 다른 모든 피조물과 그들의 일에 대해 완전한 지식을 지니는 것은 가능한 일입니다. 나아가, 그가 하나님의 업적에 대해서도 완전하게 알 수 있고 그것들에 대해 아주 잘 묵상할 수도 있습니다.

그러나 어떤 인간도 하나님 자신에 대해 생각할 수는 없습니다. 따라서 나는 내가 생각할 수 있는 모든 것을 떠나서 대신 내가 생각할 수 없는 것을 내 사랑의 목표로 선택하고자 합니다. 왜냐하면 하나님은 분명히 사랑의 대상이 되실 수 있으신 반면, 인식의 대상이 되실 수는 없습니다. 우리는 생각에 의해서가 아니라 사랑에 의해서 그분을 붙잡을 수 있습니다.

그러므로 때때로 하나님의 훌륭하심과 자비하심에 대해 특별히 생각하는 것은 좋은 일입니다. 그것은 관상의 한 부분이자 빛이기도 합니다. 하지만 이런 수행에서는 그것을 밑으로 던져서 망각의 구름으로 덮어야 합니다. 당신은 용감하고도 애정어린 태도로 그런 것 위에 서서 신실하고 기쁜, 그리고 열정적인 사랑으로 당신 위에 있는 그 어두움을 꿰뚫기 위해 애써야 합니다. 당신은 갈망하는 사랑의 예리한 창으로 그 두꺼운 무지의 구름을 찔러야 합니다. 발생할 수 있는 그 어떤 일 때문에 이 훈련을 중단하는 일이 없도록 하십시오.

제7장

관상 수행 동안 일어나는 모든 생각, 특히 자신의 연구와 지식, 자연적 감각에서 비롯되는 생각을 다루는 방법에 대해서

만약 그대와 그대 위에 있는 어두움 사이에 어떤 생각이 계속 헤집고 들어와, "너는 무엇을 찾고 있고 무엇을 얻게 될 것인가?"라고 묻는다면, 그대는 그대 자신이 추구하는 하나님을 얻게 되리라고 말해야 합니다.

"나는 하나님을 갈망하고, 그분을 추구하며, 그 분 외에는 아무것도 바라지 않습니다."

만약 그 생각이 하나님이 누구냐고 물으면, 당신은 이렇게 대답해야 합니다. 우리를 창조하시고, 속량[구원]하시고, 은혜로 우리를 그분의 사랑으로 불러주신 분이 바로 하나님이시라고 말입니다. 나아가 이렇게 말하십시오. "너에겐 아무런 역할도 없다." 그리하여 그 생각에게, "물러가거라"고 말하십시오. 그 생각을 강렬한 사랑으로 재빨리 짓밟아 버리십시오. 비록 그 생각이 그대에게 매우 거룩하게 여겨질지라도, 또한 그 생각이 하나님을 찾는 당신을 도울 수 있을 것같이 여겨질지라도 말입니다.

아마도 그 생각은 당신의 마음에 비범하고 놀라운 하나님의 자비에 관한 다양한 생각들을 불러일으킬 것입니다. 그러고는 그 생각은, 하나님은 매우 부드럽고 애정이 많으시며, 은혜롭고 자비가 많으신 분이라고 말할 것입니다.

그 생각이 원하는 것은 오직 당신이 그것에 귀를 기울이는 일입니다. 그 생각은 점점 더 신경을 거슬리는 말을 늘어놓다가 마침내 당신이 그리스도의 수난을 회상하도록 끌어 당길 것입니다. 거기에서 그 생각은 당신으로 하여금 하나님의 놀라운 자비를 보도록 할 것입니다.

그 생각이 원하는 것은 다만 당신이 그것에 귀를 기울이는 것입니다. 그 직후에 그 생각은 당신으로 하여금 당신이 예전에 겪었던 삶의 비참한 상태를 바라보도록 이끌 것입니다. 당신이 그것을 보고 그것에 대해 생각할 때, 아마도 그 생각은 당신의 마음에 어떤 장소, 곧 당신이 이전에 살았던 곳을 떠올리게 할 것입니다.

그리하여 결국에는, 당신이 알아차리기도 전에 이미 당신의 집중력은 흩어지고 사라져 버려, 당신은 자신이 어디에 있는지도 모르게 되고 맙니다. 이런 소실의 원인은 그대가 처음에 의도적으로 그 생각에 귀를 기울여 그것에 반응하고 그럼으로써 그 생각이 들어오도록 했으며, 그 생각이 계속 굴러가도록 방치했기 때문입니다.

물론 그 생각이 말했던 것은 어찌 되었든 선하고 거룩한 것입니다. 진실로 그것들은 매우 거룩합니다. 따라서 관상 생활을 하고자 하는 사람들이 자신의 비참한 상태, 주님의 수난, 그리고 하나님의 관대하심과 훌륭하심과 놀라운 선하심 등에 대한 감미로운 묵상을 결여하게 된다면, 분명히 그들은 기만당하고 목표를 이루지 못하게 될 것입니다.

그러나 동시에, 그런 묵상 생활을 오랫동안 해온 남녀들이 그들과 하나님 사이에 놓인 무지의 구름을 꿰뚫고자 한다면, 그들의 묵상을 제쳐놓고 아래로 밀어내어 그것들을 망각의 구름 아래 멀리 묶어두어야 합니다.

그러므로 그대가 이런 관상을 수행하리라는 목적을 품고, 하나님의 은혜를 통해 그런 수행으로 부르심을 받았다고 느낄 때, 겸손한 사랑의 충동으로 하나님을 향해 그대의 마음을 들어올리십시오. 그리고 당신을 창조하시고 값을 치르고 구원하셨으며, 은혜 안에서 이 수행으로 그대를 불러주신 하나님께 뜻을 두십시오.

하나님에 대한 어떤 다른 생각도 하지 마십시오. 위에 언급한 하나님에 대한 어떤 생각이 당신에게 기쁨을 주지 못한다면, 그것도 생각하지 마십시오. 하나님을 향하여

제7장 • 45

직접적으로 단순하게 접근하는 것으로 충분합니다. 하나님 그분만을 제외하고 어떤 다른 동기 없이 말입니다.

당신이 원한다면, 당신은 이런 하나님을 향한 접근을 하나의 단어로 정리하여 표현할 수 있습니다. 이 접근을 보다 잘 파악하기 위해서 그저 두 음절보다는 한 음절로 된 짧은 단어를 취하십시오. 왜냐하면 가급적 짧은 말일수록 이러한 영적 수행에 더 잘 부합하기 때문입니다. 그런 말은 "하나님" 또는 "사랑"과 같은 단어입니다.

당신이 선호하는 단어를 선택하십시오. 혹은 당신이 좋아하는 다른 단어, 가장 맘에 드는 한 음절의 단어를 고르십시오. 이 단어를 그대의 마음에 붙들어 매어, 무슨 일이 벌어지더라도 그 단어가 그대를 떠나지 않도록 하십시오. 당신이 평화 중에 있든지 혹은 전쟁 중에 있든지, 이 단어는 당신의 방패이자 창이 되어줄 것입니다.

그대는 그 단어를 사용하여 망각의 구름 아래 있는 모든 종류의 생각을 쓰러뜨려야 합니다. 그래서 만약 어떤 생각이 당신을 압박하면서 당신이 무엇을 얻게 될 것인가를 물어오면, 다른 어떤 것이 아닌 바로 이 단어로써 그에 답하십시오.

만약 그 생각이 굉장한 학식에 근거하여 당신을 위해 그 단어를 분석하고 그 의미들을 당신에게 알려주겠다고 제안하거든, 당신은 그 생각에게 이렇게 말하십시오. 당신은 그 단어를 통째로 간직하기를 원하지 분해해서 풀어놓기를 원하지 않는다고 말입니다.

 그대가 이 결심을 굳건히 지킨다면, 그 생각은 그렇게 오래 머물지 못할 것임을 명심해야 할 것입니다. 그 이유는 무엇이겠습니까? 그것은 그대가, 앞서 우리가 언급했던 종류의 달콤한 묵상으로 그 생각에 먹이를 제공하기를 허락하지 않을 것이기 때문입니다.

제8장

관상 수행 동안 떠오를 수 있는 의심들을 질문과 답변을 통해 정확하게 다루기. 이성적 연구, 지식, 지적 능력을 억제하기. 활동적인 생활과 관상 생활의 다양한 차원과 구분을 식별하기

이제 당신은 이렇게 물을 것입니다. "이 수행 작업에서 계속 내게로 밀고 들어오는 이 생각은 무엇입니까? 그것은 선한 것입니까? 아니면 악한 것입니까?"

당신은 또 이렇게 말합니다. "만일 그것이 악하다면 매우 놀랍습니다. 왜냐하면 그 생각은 우리의 신앙이 성장하는데 매우 좋은 역할을 하기 때문입니다. 이따금 나는 그 생각이 하는 말을 들으면 큰 위로가 된다고 믿습니다. 때로 그 생각은 그리스도의 수난 장면에서 나로 하여금 그리스도를 향한 연민으로 매우 비통하게 합니다. 또한 어떨 때는 나 자신의 비참한 상태로 인해, 나아가 다른 많은 이유들로 인해 울게 합니다. 내게 이 모든 것들은 매우 거룩하게 여겨지고 또한 내게 아주 유익을 주는 듯 합니다. 이런 까닭에, 이 생각들은 결코 악한 것일 수가 없습니다. 그 생각이 선하고 또한 그 듣기 좋은 이야기들

이 내게 그토록 많은 유익을 준다면, 왜 당신은 내게 그 생각들을 망각의 구름 아래로 깊숙이 밀어 넣어버리라고 명하는지 너무나도 의아스럽습니다!"

이것은 매우 좋은 질문이라는 인상을 내게 줍니다. 그래서 부족하나마 이 질문에 대답하기 위해 성찰하고자 합니다.

첫째, 당신이 묻는 것은, 이런 수행 중에 당신에게 엄습해 들어오며 당신을 돕겠다고 제안하는 그 생각이 무엇인지에 대한 것입니다. 나는 그것이 당신의 영혼 안에 있는 당신의 이성에 새겨진 것, 즉 타고난 당신의 지성의 예리하고 분명한 판단이라고 대답합니다.

또한 당신은 그 생각이 선한 것인지 혹은 악한 것인지에 대해 내게 묻습니다. 나는 그것의 본성상 그것이 필연적으로 항상 선할 수밖에 없다고 말합니다. 왜냐하면 그것은 하나님을 닮은 존재로부터 나오는 광선이기 때문입니다.

그러나 지성의 사용은 선할 수도 있고 악할 수도 있습니다. 은혜로 계몽되는 지성은 선합니다. 그리하여 당신은 자신의 비참한 상태와 주님의 수난을 알아 보고, 또한 물질적이거나 영적인 피조물들 안에서 하나님의 놀라운 일과 자비를 바라볼 수 있습니다. 따라서 당신이 말하는 대로, 지성이 우리의 신앙을 증진시킨다는 것은 놀랄 일은 아닙니다. 교만이나 교묘한 사색, 또는 학식에서 비롯되는 호기심으로 부풀어진 지성을 사용하는 것은 악한 일입니다. 신학자들이 갖기 쉬운 이런 교만과 호기심은 그들이 겸손한 사제나 거룩하고 신실한 선생이 아니라 악마에 속한 오만한 학자나 허영과 거짓으로 가득한 선생으로 알려지게 합니다.

그 외 다른 남녀들에 관해서 말하자면, 수도자이든 세상 사람들이든, 타고난 지력이나 세상적인 것들에 대한 번드르르한 학식, 또는 세속적인 생각들로 교만해지거나 우쭐해지는 사람들이 지력을 사용하고 행사하는 것은 악한 일입니다. 왜냐하면 그 지력으로 세상적 영광과 부귀, 사람들의 칭찬에서 오는 즐거움과 허영을 갈망하기 때문입니다.

그다음에 당신은 왜 그런 생각들을 망각의 구름 아래로 내려놓아야 하는지를 묻습니다. 왜냐하면 그 생각들이 본성으로는 선한 것이고, 또한 그것들이 잘 사용된다면 사람에게 매우 유익을 주고 신앙을 크게 증진시킬 수 있음이 사실이기 때문입니다.

나의 대답은, 거룩한 교회 안에는 두 종류의 삶의 방식이 있음을 그대가 분명히 이해해야 한다는 것입니다. 하나는 활동적 삶의 방식이고 다른 하나는 관상적 삶의 방식입니다. 활동적 삶의 방식보다는 관상적 삶의 방식이 더 높은 단계입니다.

활동적 삶의 방식에도 높고 낮은 두 단계가 있고, 또한 관상적 삶의 방식에도 높고 낮은 두 단계가 있습니다. 더 나아가, 이 두 삶의 방식은 서로 너무 밀접하게 연결되어 있기에 비록 부분적으로는 서로 차이가 있어도, 모든 방식은 어느 정도 다른 방식으로부터 도움을 받지 않고는 온전히 작용할 수 없습니다.

활동적 삶의 높은 단계는 관상적 삶의 낮은 단계와 동일한 것입니다. 따라서 우리는 부분적으로 관상적이지 않는 한 온전하게 활동적일 수가 없고, 또한 어떤 면에서 활동적이지 않는 한 우리는 여기 이 세상에서는 온전하게 관상적일 수가 없습니다. 이 지상에서 시작되고 끝나는 것이 활동적 삶의 방식의 본성입니다. 반면 관상적 삶의 방식은 그렇지 않습니다. 그것은 이 세상에서 시작되어 끝이 없이 지속될 것입니다. 바로 그렇기 때문에 마리아가 선택한 그 몫은 결코 빼앗기지 않을 것입니다. 활동적 삶은 불안하고 많은 것으로 걱정스럽습니다. 그러나, 관상적 삶은 오직 한 가지에 마음을 두며 평화로이 머뭅니다.

활동적 삶의 낮은 단계는 선하고 성실한 자비와 자선 활동으로 이루어집니다. 활동적 삶의 방식의 높은 단계, 곧 관상적 삶의 방식의 낮은 단계는 선한 영적 묵상 그리고 다음과 같은 것들에 대한 진지한 '주시'로 이루어집니다. 즉, 애통과 통회로 자신의 비참한 상태를 바라보기, 그리스도의 수난을 바라보기, 동정과 연민으로 그리스도의 종들을 바라보기, 하나님께서 창조하신, 형체가 있거나 영적인 모든 피조물들 안에서 감사와 찬양으로 하나님의 업적과 그분의 놀라운 선물과 관대하심을 바라보기입니다. 그러나 관상의 높은 단계는 여기 이 지상에서 가능한 한 선적으로 이 이두움, 이 무지의 구름으로 이루어집니다. 우리는 사랑에 찬 충동으로 하나님의 존재 그 자체만을 무지 중에 응시합니다.

 활동적 삶의 방식의 낮은 단계에서 우리는 우리 자신의 바깥에, 그리고 아래에 있습니다. 활동적 삶의 방식의 높은 단계, 곧 관상적 삶의 방식의 낮은 단계에서 우리는 우리 자신 안에 있고 우리 자신과 같아집니다. 그러나 관상적 삶의 방식의 높은 단계에서 우리는 우리 자신의 위에, 하나님의 아래에 있게 됩니다. 우리가 우리 자신 위에 있다고 함은, 우리 자신의 본성으로 갈 수 없는 목적지에 은혜를 통해 도달하는 것을 자신의 목적으로 삼기 때문입니다. 다시 말하자면, 영 안에서 사랑과 의지를 다해 하나님과 일치하여 하나님과 굳게 결합되는 것을 목적으로 삼기 때문입니다.

활동적 삶의 높은 단계에 이르는 것은, 우리가 잠시 그 낮은 단계를 떠나지 않으면 불가능함을 우리는 이해할 수 있습니다. 마찬가지로, 우리가 잠시 관상적 삶의 낮은 단계를 떠나지 않는다면 관상적 삶의 높은 단계로 오를 수 없습니다. 묵상 중에 있는 사람이 그의 정신을 그가 이미 끝낸 또는 그래야만 하는 외적인 육체적 일로 돌리는 것은, 비록 그 일들이 매우 거룩한 것이라고 할지라도, 그 사람에게는 그릇된 것이며 걸림돌이 될 것입니다. 마찬가지로, 하나님께 대한 강렬한 사랑의 충동과 함께 홀로 어두움 안에서, 무지의 구름 안에서 수행을 해야 하는 사람이 하나님의 놀라운 선물과 관대하심에 대한, 또는 형체를 지니거나 영적인 모든 피조물 가운데 드러나는 그분의 업적에 대한 여러 생각이나 묵상을 허용하는 것은, 또한 그와 하나님 사이에 그런 것들을 밀어 넣기 위하여 그의 정신에서 위로 오르는 것은 그 사람에게 매우 부적당한 일이며 커다란 방해가 될 것입니다. 비록 그런 생각과 묵상이 매우 거룩한 것들이고 그에게 큰 행복과 위로를 준다고 할지라도 말입니다.

바로 이것이 내가 당신에게 그 또렷하고 교묘하게 환심을 사는 모든 생각을 내려 두고 망각의 구름으로 그것들을 덮어 버리라고 명하는 이유입니다. 그것들이 아무리 거룩하다고 할지라도, 그리고 그것들이 분투하는 그대를 돕겠다고 아무리 굳게 약속할지라도 말입니다. 이 지상의 삶에서 하나님께 도달할 수 있는 것은 앎이 아니라 사랑뿐이기 때문입니다.

영혼이, 언제가 죽어야 할 육체 안에 거하는 한, 모든 영적인 대상, 특별히 하나님에 대한 관상 속에서 우리가 이해하는 명료함이란 언제나 일종의 상상과 혼합되기 마련입니다. 그 때문에 우리가 행하는 이 훈련은 때 묻게 될 것이며 따라서 그런 것이 우리를 커다란 오류로 이끌지 않는다면 오히려 아주 놀라운 일이 될 것입니다.

제9장

관상 수행 동안에는 하나님께서 창조하신 더없이 거룩한 피조물에 대한 기억을 불러일으킴도 도움이 되기보다는 오히려 방해가 된다

그러므로 당신이 이 암흑의 관상을 시작할 때 당신에게 항상 끼어들어 강요하는 지력의 집중적인 활동을 반드시 밀쳐 놓아야 합니다. 만약 그대가 이것을 밀쳐 놓지 않는다면, 그것이 그대를 밀쳐 놓을 것입니다.

사정이 이러하기 때문에, 그대가 스스로 이 어두움 속에서 아주 잘 머물고 있고 자신의 마음에는 하나님 외에는 아무것도 없다고 상상할 때, 자세히 살펴보게 되면, 그대는 그대의 마음이 사실은 그 어두움으로 차 있는 것이 아니라, 하나님보다 못한 어떤 것에 대한 뚜렷한 상(像)으로 차 있음을 발견하게 될 것입니다.

만약 이런 경우가 되면, 사실 그 상이 그 순간에는 그대 위에, 곧 그대와 하나님 사이에 있는 것입니다. 그러므로 그런 뚜렷한 상들을, 그것들이 얼마나 거룩하고 기분 좋은 것인지에 관계없이, 밀쳐 내려고 애쓰십시오.

당신에게 분명히 말합니다. 하나님만을 위하여 그분께로 향하는 사랑의 눈먼 충동, 무지의 구름을 두드리는 그 은밀한 사랑이 당신 영혼의 구원에 더 유익하고, 그 자체로도 더 가치 있고, 하나님께 그리고 하늘의 모든 성인들과 천사들에게 더 기쁜 것입니다.

그렇습니다. 그런 사랑이 그대의 모든 친구들에게, 그들이 육체 안에서의 친구이든 영적 친구이든, 살아있든 죽은 이든, 더 유익한 것입니다. 그대가 이런 것을 그대의 사랑 안에서 영적으로 체험하는 것이, 관상을 통해 영혼의 눈이 열리도록 하는 것보다 더 좋습니다. 그 영혼의 눈이 열려 하늘의 모든 천사들과 성인들을 보든지, 혹은 지복(至福) 가운데 있는 이들에서 나오는 모든 노래와 웃음소리를 듣든지 말입니다.

내가 말하는 것에 놀라지는 마십시오. 만약 당신이 은혜에 의해서 이 지상에서 그런 것을 체험하거나 볼 수 있게 된다면, 당신도 나처럼 생각할 것입니다. 그러나 어떤 사람도 이 지상의 삶에서는 결코 그런 뚜렷한 광경을 보게 될 수는 없음을 받아들이십시오. 다만 하나님께서 주시고자 계획하실 때, 사람은 은혜를 통해서 그에 대한 느낌을 가질 수 있을 뿐입니다. 그러므로 그대의 사랑을 그 구름으로 들어 올리십시오. 아니, 내가 더 참되게 말한다면, 하나님께서 그대의 사랑을 그 구름으로 끌어 올리시도록 내어 드리십시오. 하나님의 은혜를 힘입어 모든 다른 것들을 잊어버리도록 힘쓰십시오.

당신의 의지와 의식에 침투하여 하나님 아래 있는 당신을 강요하는 생각은 아무리 단순하더라도 당신을 하나님으로부터 더 멀리 떨어지게 만듭니다. 그것은 당신을 방해하여 하나님의 사랑의 열매를 경험하는 느낌을 더 약해지게 만듭니다.

그렇다면 당신 스스로 알면서 의도적으로 당신 자신에게로 끌어오는 의식은 얼마나 더 크게 당신의 목적을 방해하겠습니까? 어떤 성인이나 순수하게 영적인 대상에 대한 생각도 당신을 아주 많이 방해한다면, 이 가련한 인생을 살아가는 어떤 사람 혹은 어떤 신체를 지닌 대상과 세상적인 것에 대한 생각은 얼마나 더 당신을 방해하면서 이 수행에서 당신에게 걸림돌이 되겠습니까?

내가 지금 의도하는 것은, 하나님 아래에 있는 어떤 선하고 순수한 영적인 대상에 대한 단순하고 갑작스러운 생각, 그대의 의지나 지력에 달라붙는 그런 생각, 혹은 의도적으로 그대의 신앙을 증강시키기 위해서 끌어들이는 생각이—물론 그런 생각이 수행에 방해가 되기는 하지만—악하다고 말하는 것이 아닙니다. 그대가 그것을 이렇게 이해하는 일은 결코 없을 것입니다! 다만 내가 말하고자 하는 것은, 그런 선하고 거룩한 생각에도 불구하고, 관상 수행을 하는 시기 동안에는 그것이 도움이 되기보다는 방해가 된다는 것입니다. 분명히 하나님을 온전히 추구하는 사람은 천상의 어떤 성인이나 천사에 대한 생각에서 안식을 찾으려고 하지 않을 것입니다.

제10장

어떨 때 자신의 생각이 죄에서 자유로운 것인지, 또한 죄가 된다면 어떨 때 무겁고, 어떨 때 가벼운 죄인지를 아는 방법

그러나 어떤 살아있는 사람, 곧 어떤 남자나 여자가 생각이 나거나, 또는 무엇이든 육신적이거나 세상적인 것이 떠오른다면, 상당히 다른 이야기가 됩니다. 당신의 의지나 의식에 반하여 떠오르는 단순한 어떤 생각은 비록 당신에게 돌려지는 죄는 아니라고 하더라도, 당신의 통제를 넘어서 있는 원죄의 결과이며, 당신은 세례를 통해 그 원죄로부터 깨끗하게 되었습니다.

그럼에도 불구하고, 이 갑작스러운 충동이나 생각이 즉시 물리쳐지지 않는다면, 그대의 육신적인 마음은 머지않아 이런 연약함의 영향을 받게 될 것입니다. 만약 그 충동이나 생각이 그대를 즐겁게 하거나, 이전에 그대를 즐겁게 했었다면 일종의 만족으로, 또는 그대가 상상하는 어떤 것이 그대를 속상하게 하거나, 이전에 그대를 속상하게 하였다면 일종의 분노로 그대는 영향을 받게 되는 것입니다. 그런 나쁜 영향은 큰 죄 안에 살아온 세상적 남녀들에게는 중대할 수 있습니다.

그러나, 육신적인 마음 안에 만족이나 분노를 일으키는 그 동일한 영향은, 신실한 의지로 세상을 버리고 거룩한 교회 안의 경건한 삶에 개인적으로든 공적으로든 어떤 식으로든지 자신을 의탁한 당신과 같은 사람이나 그 외 다른 사람들에게는 그저 가벼운 죄에 그치고 맙니다.

교회 안의 경건한 삶에 의탁한 사람들은 그들 자신의 의지와 지성에 따라서가 아니라 그들의 윗사람의 의지와 권고에 지배되는 삶을 선택했습니다. 그 윗사람이 수도자이든 세상 사람이든 그 누구라 할지라도 말입니다. 이런 것은 바로 그대의 의향이 하나님 안에 근거를 두고 있으면서 그 안에 고정되어 있기 때문입니다. 그것은 어떤 신중한 교부의 증거와 조언에 따라 그대가 서 있는 삶의 상태가 시작되었을 때 세워진 근거입니다.

그러나 당신의 육적인 마음 안에 만족이나 분노를 일으키는 그 영향력이 물리쳐지지 않은 채 오랫동안 남아 있도록 허용되는 일이 생기게 되면, 그것은 결국에는 영적인 마음(즉, 의지)에 고정돼버릴 것입니다. 그렇게 되면, 그것은 치명적인 죄가 됩니다.

이런 치명적인 죄는, 당신이나 내가 앞서 말한 바와 같은 경건한 사람들이 의도적으로 마음속에 어떤 살아 있는 남자나 여자 혹은 육적이거나 세상적인 어떤 것을 불러일으켜서 다음과 같이 발전될 때 발생합니다. 가령 그런 대상이 이전에 당신을 대단히 슬프게 했거나 또는 현재 그렇게 한다면, 그래서 당신의 마음이 원한에 찬 격정과 복수하고 싶은 욕구, 다시 말해 격노라고 불리는 것을 일으키는 정도로까지 갈 때, 당신은 치명적인 죄에 빠지게 됩니다. 또는 원한에 차고 못마땅해하는 생각과 함께 어떤 사람을 극도로 경멸하고 혐오하는, 이른바 악의라는 것이 일어나기도 합니다.

또 다른 경우로는, 육체적이거나 영적인 어떤 선한 일에 권태와 싫증, 곧 태만이 일어나기도 합니다. 만일 어떤 것이 당신을 즐겁게 하거나 이전에 그렇게 했던 것이라면, 그것이 무엇이든 그것에 관해 생각하면서 당신 안에는 강렬하게 좋아하는 감정이 일어납니다. 이런 관계로 당신은 그 생각 안에서 안식을 얻게 되고, 마침내 당신의 마음과 의지를 그것에 고정시키게 되며, 그래서 그것으로써 당신의 육적인 사랑을 키우게 됩니다. 그러는 시간 동안에 당신은 스스로가 어떤 다른 부요함도 탐내지 않고, 다만 당신이 생각하고 있는 그것과 함께 언제나 평화와 안식을 얻으며 살기만을 원한다고 생각합니다.

당신이 자초하는 이런 생각, 또는 당신이 강요당할 때 받아들이는 이런 생각, 아니면 당신이 기쁘게 그 안에서 안식하는 이런 생각이 본성이나 지식, 은혜, 품위, 호위 또는 아름다움에 관한 것이라면, 그때 그것은 교만이 됩니다. 만약 그것이 어떤 종류의 세상적 소유, 부와 가축에 관한 생각, 혹은 무엇이든 사람이 소유할 수 있거나 그 주인이 될 수 있는 것에 관한 생각이라면, 그때 그것은 탐욕이 됩니다. 만약 그것이 먹고 마시는 별미 음식이나 미각에서 오는 어떤 종류의 즐거움에 관한 것이라면, 그때 그것은 탐식이 됩니다. 만약 그것이 사랑의 방종이나 어떤 종류의 육체적 희롱, 남녀의 유혹이나 아첨에 관한 것이라면, 그것은 욕정이라 불립니다.

제11장

**모든 생각과 충동은 하나하나 적절하게 평가되어야 한다.
가벼운 죄를 부주의하게 다루지 않도록 항상 조심해야 한다**

내가 이런 말을 하는 이유는 당신이나 내가 언급한 다른 이들 중 누가 이런 죄를 저질렀거나 이런 죄에 부담감을 안고 있어서가 아닙니다. 다만 나는 그대가 개별적인 생각과 충동을 있는 그대로 판단하기를 바랍니다.

또한 그대가 죄를 저지를 생각이 나거나 충동이 드는 순간에 그런 생각이나 충동을 말살시킬 수 있도록 성실하게 수행을 실천하기를 바라는 마음으로 이런 말을 하는 것입니다.

당신에게 꼭 당부하고 싶은 것이 있습니다. 처음 어떤 생각이 들 때 그 생각에 개의치 않고 주의를 기울이지 않는 사람은, 비록 그 떠오른 생각이 죄가 되는 것은 아닐지라도, 여하튼 사소한 죄에 관한 경솔함을 피할 수 없습니다.

이승에서의 삶에서는 그 누구도 사소한 죄에서 완전히 자유로울 수가 없습니다. 그러나 완덕을 추구하는 참된 제자들은 모두 사소한 죄에 대해 부주의하지 않도록 언제나 주의해야 합니다. 그렇지 않는다면 그러한 이들이 머지않아 중대한 죄를 저지르게 될지라도 놀라운 일이 아닐 것입니다.

제12장

우리는 관상 수행을 통해 죄를 없애고 덕을 얻게 된다

 그러므로 당신이 실족하지 않고 굳게 서리라고 마음을 먹었다면, 그런 의도를 절대로 포기하지 마십시오. 오히려 그대와 하나님 사이에 있는 이런 무지의 구름을 갈망하는 사랑의 날카로운 화살로 항상 치십시오. 하나님 아래 있는 어떤 피조물에 대해서도 생각하기를 피하면서, 무슨 일이 벌어지든지 관계없이 이 수행을 포기하지 마십시오. 이 수행만이 그 자체로 죄의 뿌리와 영토를 파멸시킬 수 있습니다.

 그대가 아무리 많이 금식을 하고 감시를 게을리하지 않는다고 해도, 아무리 일찍 일어나고 딱딱한 침대에서 자고 거친 옷을 걸친다고 해도 소용이 없습니다. 그런 것들이 타당하지는 않지만 사실이라고 할 때, 즉 두 눈을 뽑고, 혀를 잘라내고, 귀와 코를 틀어막고, 은밀한 부위를 잘라 버리고, 생각할 수 있는 모든 고통을 육신에 가한다고 할지라도, 이 모든 것들은 그대에게 전혀 도움이 되지 않을 것입니다. 죄의 충동과 경향은 여전히 그대 안에 있을 것입니다.

그것뿐이 아닙니다. 당신이 자신의 죄 때문에 혹은 그리스도의 고난 때문에 아무리 울고 슬퍼한들, 아무리 천상의 기쁨에 늘 마음을 쏟는다고 한들, 그러한 것이 당신에게 무슨 유익이 되겠습니까? 분명히 그러한 애통함과 기쁨은 아주 선하고, 도움이 되며, 유익을 주고 또 큰 은혜가 됩니다.

  그러나 그 사랑의 눈먼 충동과 비교할 때, 그러한 것이 할 수 있는 일은 아주 미약합니다. 다른 것들이 아닌 바로 그 사랑의 충동이 마리아가 택한 가장 좋은 몫입니다 (눅 10:42 참조). 이런 사랑이 없다면 다른 것들은 거의 아무런 유익도 주지 못합니다. 그 사랑의 충동은 이 지상의 삶에서 최대한 가능한 정도로 죄의 뿌리와 영토를 파괴하고 덕을 획득하기도 합니다. 왜냐하면 그런 사랑이 참으로 뿌리내렸을 때야 비로소 모든 덕이 사랑 안에 담기고 경험되는 가운데, 완벽하고 섬세하게 심어지기 때문입니다. 어떤 다른 동기도 섞이지 않은 채 말입니다.

  그 누가 아무리 많은 덕들을 지니고 있다고 하더라도, 이런 사랑이 없이는 그 덕들은 다소 뒤틀린 동기와 혼합이 되게 마련입니다. 그래서 그런 덕들은 불완전할 수밖에 없게 됩니다.

덕이란 하나님만이 유일한 목적이 되는, 질서잡히고 통제된 사랑과 다름이 없습니다. 사실 하나님 스스로가 모든 덕의 순전한 근거이십니다. 이렇기 때문에, 만약 우리가 하나님이 주요한 동기가 되시는데도 그분 외에 다른 동기에 인해 어떤 덕을 지니게 된다면, 그러한 덕은 불완전하게 마련입니다.

모든 덕들을 대표할 수 있는 한두 가지의 덕을 예로 들며 설명해 볼 수 있습니다. 온유함과 아가페적인 사랑이라는 두 개의 덕이 좋은 보기가 될 것입니다. 누구든지 이 둘을 갖추고 있다면, 그러한 이는 분명 다른 덕을 필요로 하지 않을 것입니다. 그는 모든 덕을 갖춘 사람이기 때문입니다.

제13장

겸손의 종류: 완전한 겸손과 불완전한 겸손

우선 겸손이라는 덕을 살펴보도록 하겠습니다. 겸손이 그 주된 원천과 섞인 어떤 다른 원천에서 흘러나올 경우, 비록 하나님이 주된 원천이시라 할지라도 그런 겸손이 얼마나 불완전한 것인지를 보십시오.

반면에 겸손의 유일한 원천이 하나님 자신일 때, 그런 겸손이 얼마나 완전한지를 보십시오. 우리는 이런 점을 참되게 이해하고 깨닫기 위해서, 겸손이 본질적으로 무엇인지를 알아야 합니다. 그럴 때 우리는 겸손의 근거를 영적 진실 안에서 더 분명하게 이해하게 될 것입니다.

본질적으로 겸손이란 우리가 자기 자신을 실제 그대로 진정하게 이해하고 자각하는 것과 다름이 없습니다. 우리가 실제 그대로의 자기 자신에 관해 의식하면서 그런 자신을 진정으로 볼 수 있을 때, 우리는 참으로 겸손하게 될 것입니다.

이런 유순함에는 두 가지의 원인이 있습니다. 하나는 죄로 말미암아 우리가 떨어지게 된 악함, 비참함, 약함입니다. 우리가 이 지상에서 살아가고 있는 한, 그 누가 아무리 거룩하다고 할지라도, 우리는 모두 이 점을 항상 경험하게 마련입니다.

또 다른 원인은, 하나님 자신의 엄청나게 풍성한 사랑과 훌륭함입니다. 이런 하나님 앞에서, 모든 자연은 떨고, 학식 있는 모든 사람은 어리석으며, 모든 성인과 천사들은 눈이 멀게 됩니다. 이렇기 때문에 만일 하나님께서 하나님 자신의 지혜를 통해서, 사람들이 자신들의 타고난 능력과 은혜에 의해 주어진 능력을 따라 행하는 관상을 규제하지 않으신다면, 나는 그들에게 어떤 일이 일어날지 몰라 쩔쩔매게 될 것입니다.

이러한 겸손의 두 번째 원인은 영원히 지속될 것이기에 절대적이라 할 수 있습니다. 겸손의 첫 번째 원인은 절대적이지는 않습니다. 왜냐하면, 우선 우리의 악함이나 비참함과 약함은 지상의 삶이 끝날 때 사라질 것이기 때문입니다. 게다가, 언젠가는 죽는 이 육신 안에 거하는 영혼이 갑자기 자기 자신의 존재에 대한 모든 자각이나 경험을 잃어버리고 망각하여, 결과적으로 영혼이 자신의 거룩함이나 비참함을 개의치 않게 되는 일이 종종 발생하기 때문입니다. 이런 일은, 영혼의 갈망을 증가시키는 하나님의 풍성한 은혜를 통해서 발생하고, 하나님께서 주시고자 계획하시는 한 그런 영혼의 갈망은 일어나게 마련입니다. 그러나 이런 일이 하나님에 의해 훈련된 영혼에게 흔히 발생하든 혹은 거의 발생하지 않든, 내가 알기로 그런 체험은 그저 아주 잠깐 동안 지속됩니다. 이런 일을 겪는 동안 영혼은 온전히 겸손하게 됩니다. 왜냐하면 영혼이 겸손의 주요한 원천이신 하나님 외에는 어떤 다른 원천을 알지도 경험하지도 않기 때문입니다.

한편, 영혼이 그 주요한 겸손의 원인과 함께 다른 원인을 알고 경험할 때마다, 영혼의 겸손은 불완전해집니다. 그럼에도 불구하고, 그런 불완전한 겸손도 선한 것이니, 우리는 언제나 그런 겸손을 지녀야 합니다. 제발 그대가 내가 말하는 방식이 이닌 다른 방식으로 겸손을 이해하는 일이 없기를 바랍니다.

제14장

이 세상 삶에서는 불완전한 겸손에 먼저 이르지 않고서는, 죄인이 완전한 겸손에 이른다는 것은 불가능하다

왜냐하면 내가 그것을 불완전한 겸손이라고 부르고 있지만, 나는 차라리 나 자신에 관한 참된 지식과 의식을 소유하는 편이 낫다고 생각하기 때문입니다. 나는 그것이 하늘에 있는 모든 성인들과 천사들, 그리고 이 땅 위에 있는 거룩한 교회의 종교적이고 세속적인 모든 남녀들이 함께 앉아 내가 완전한 겸손을 획득하도록 전적으로 기도해 주는 것보다 더 신속하게 나로 하여금 겸손함이라는 원천과 덕을 획득할 수 있게 해줄 것이라고 생각합니다. 정말로 그렇답니다. 죄인이 불완전한 겸손에 이르지 않은 채, 완전한 겸손의 덕을 획득하거나 또는 그것을 얻었다고 하더라도 그 상태를 계속 유지하는 일은 불가능합니다.

그러므로 비참한 존재로서의 당신 자신에 대한 참된 지식과 경험을 스스로 획득하기 위하여 당신이 할 수 있는 만큼 또 어떻게 해야 할지를 아는 만큼 애쓰고 수고하십시오. 그렇게 한다면 내가 생각하기에 당신은 곧 하나님을 있는 그대로 참되게 알게 되고 경험하게 될 것입니다. 그렇다고 하나님의 본래적 존재를 알 수 있다는 것은 아닙니다. 하나님 자신 외에는 그 누구도 그런 것을 경험할 수 없기 때문입니다.

또한 당신의 육신과 영혼은 더 없이 행복한 상태에서 하나님을 체험하지 못할 것입니다. 다만 당신은 여기서 가능한 만큼, 언젠가 죽게 될 이 육신 안에서 살아가는 미천한 영혼에 의해 알게 되고, 경험하게 될 것입니다. 즉, 당신은 하나님께 큰 기쁨이 되는 범위 안에서 하나님을 체험하게 될 것입니다.

또한, 내가 겸손의 두 가지 원인을 하나는 절대적인 것으로, 다른 하나는 절대적이지 않은 것으로 규정했다고 해서 내가 그대로 하여금 [절대적이지 않은 원천에서] 불완전한 겸손을 얻기 위해 힘쓰기를 중단하고, 전적으로 [절대적 원천에서] 완전한 겸손을 얻는 데에 집중하기를 바란다고 생각해서는 안 됩니다.

실제로 나는 그대가 정말로 완전한 겸손을 얻을 수 있다고 생각하지는 않습니다. 다만 나는, 그대에게 이 영적인 수행의 가치를 보여주고 또 그것을 그대가 알도록 하기 위한 의도에서 그렇게 쓰는 것입니다. 이 영적인 수행은 사람이 은혜를 통해 행할 수 있는 다른 모든 신체적이거나 영적인 수행 이상의 것입니다. 그대와 하나님 사이에 놓인 이 컴컴한 무지의 구름에서, 그 영혼의 순결함 안에서 일으켜진 그 은밀한 사랑이 어떻게 그 안에 겸손이라는 완전한 덕을 섬세하고도 완벽하게 포함하는지를, 어떻게 영혼이 하나님 아래 있는 어떤 존재를 구체적으로나 선명하게 바라보지 않고서 그렇게 할 수 있는지를 그대가 알게 되기를 바랍니다.

또한 나는 당신이 완전한 겸손이 무엇인지를 알고, 그것을 당신 마음의 사랑에 하나의 표지로서 세워두기를 바랍니다. 내가 이렇게 하는 것은 당신과 나 모두를 위해서입니다. 왜냐하면 이런 지식에 의해서 당신을 보다 더 겸손하게 이끄는 것이 나의 바람이기 때문입니다. 사실 잘 알지 못하여 커다란 교만이 초래되는 경우가 종종 생깁니다. 내게도 그런 것 같이 말입니다.

다시 말하면, 만약 그대가 완전한 유순함이 무엇인지를 모른다면, 그대는 자신이 완전한 겸손에 거의 도달했다고 생각할 수도 있습니다. 내가 불완전한 겸손이라고 부르는 것에 대해 그대가 거의 알지 못하고 경험하지도 못한 이유 때문에 말입니다. 그리하여 당신이 사실은 역겹고 악취 풍기는 교만으로 둘러싸여 있으면서도 자신을 매우 겸손하다고 생각하면서, 당신 자신을 스스로 기만하게 될 것입니다.

그러므로 완전한 겸손을 얻기 위해 애쓰십시오. 완전한 겸손이 지니는 특성을 볼 때, 우리가 완전한 겸손을 지니고 있다면, 그리고 우리가 그런 겸손을 지니고 있는 한, 우리는 죄를 짓지 않을 것이고, 시간이 지나도 그리 큰 죄를 짓지는 않게 될 것입니다.

제 15 장

자신의 죄 많음을 상기하는 것보다 스스로를 겸손하게 만드는 더 좋은 방법은 없다고 주장하는 오류에 대한 간결한 논박

위에서 언급한 것과 같은 종류의 완전한 겸손이 있다는 것, 그리고 은혜를 통하여 이 지상에서의 삶에서 우리가 그런 겸손을 획득할 수 있다는 것을 확고하게 믿으십시오. 어떤 이들은 "우리 자신의 비참함과 과거의 죄들을 자각하는 것으로부터 생겨나는 겸손보다 더 완전하게 겸손으로 이끄는 원천은 없다"라고 선언하는데, 나는 이런 오류를 반박하기 위해 앞에서와 같이 말하고 있습니다.

물론 상습적으로 죄를 짓는 사람들에게, 나 자신이 그러하였고, 지금도 그렇듯이, 가장 필요하고 적절한 겸손의 근거는 자신의 비참함과 과거의 죄들을 자각함이고, 그리하여 겸손해질 수 있다는 것을 나는 기꺼이 인정합니다. 우리가 저지른 죄라는 녹 전체가 대부분 제거될 때까지, 우리의 양심과 영적 지도자가 그렇다고 증언할 때까지 그렇게 자각하면서 겸손해지는 일 말입니다.

그러나 다른 부류의 사람들에게는 겸손의 다른 이유가 있습니다. 곧, 모든 의도나 목적에서 죄가 없는 사람들, 결코 단호한 의지로 또는 의식적으로 심각하게 죄를 짓지 않고 그저 약함과 무지를 통해서만 죄를 짓는 사람들, 그리고 관상가가 되려고 스스로 애쓰는 사람들 말입니다. 또한 우리에게도, 만약 우리의 영적 지도자와 우리 양심이 똑같이, 우리가 거룩한 교회의 법과 조례에 따라 뉘우침과 고백, 그리고 속죄를 통해서 적절하게 회개하였음을 증거한다면, 나아가 우리가 관상가가 되도록 은혜에 의해 부르심을 받고 마음이 움직여지고 있음을 깨닫고 있는 한 그대와 나, 우리에게도 겸손의 다른 이유가 있습니다.

겸손의 이 다른 이유는 첫 번째 겸손의 이유보다 훨씬 위에 있는 것으로서, 마치 거룩한 교회에서 아주 죄 많은 참회자의 삶 위에 성모 마리아의 삶이 있는 것과도 같고, 또는 그리스도의 삶이 이 세상 삶을 살아가는 어떤 사람의 삶 위에 있는 것과도 같습니다. 또한 결코 약함을 경험해본 적이 없고 앞으로도 영원히 그러할 하늘의 천사의 삶이 여기 이 세상에 있는 연약하기 짝이 없는 사람의 삶 위에 있는 것과도 같습니다.

만약 자기 자신의 비참함을 보고 체험하는 것보다 더 완전한 겸손의 이유가 없다고 한다면, 이것이 사실이라고 주장하는 사람들에게 나는 이렇게 질문하고 싶습니다. 자기 존재의 비참함이나 죄로 인한 동요를 결코 알지도 못하고 경험해본 적이 없으며, 영원히 그러할 이들은 어떤 이유로 겸손해지는지를 말입니다.

우리 주님이신 예수 그리스도, 동정녀 마리아, 하늘에 있는 모든 성인들과 천사들의 경우가 이에 해당합니다. 우리 주님 예수 그리스도께서 복음서에서 우리를 부르시는 것은 우리가 바로 이런 완전한 겸손과 모든 종류의 완전함을 향해 나아갈 수 있게 하시기 위해서입니다. 복음서에서 그분은, 주님이신 당신께서 본성으로 완전하신 것과 같이, 우리가 은혜에 의해서 완전하게 되어야 한다고 우리에게 말씀하십니다.

제16장

진정으로 마음을 변화하여 관상 수행으로 부름받은 죄인은 이 수행을 통해서 어떤 다른 수행보다 더 신속하게 완전함에 도달한다. 그리고 관상 수행자는 하나님으로부터 가장 빠르게 죄를 용서받는다

그 누구도 자신이 세상에 살아있는 가장 비천한 죄인이기 때문에, 감히 하나님께 사랑의 겸손한 충동을 바치면서 그 자신과 하나님 사이에 있는 무지의 구름을 은밀하게 두드리는 일에 자신을 맡기는 일을 주제넘다고 생각해서는 안 됩니다. 그 사람이 합당하게 회심을 하고, 또한 자신의 영적 지도자의 동의를 받고 스스로의 양심을 살피는 가운데, 자신이 "관상 생활"로 부름받았다고 느낀다면 말입니다.

주님께서는 관상 생활로 부름받은 모든 죄인들을 대표하는 막달라 마리아에게 이렇게 말씀하셨습니다.

"네 죄 사함을 받았느니라"(눅 7:48).

그녀가 죄 사함을 받은 것은 그녀의 큰 슬픔 때문도, 자신의 죄들을 깨달았기 때문도 아니었으며, 스스로의 비참함을 보면서 지니게 되었던 겸손함 때문도 아니었습니다.

분명히 그것은 마리아가 많이 사랑했기 때문이었습니다. 바로 여기서 우리는 이처럼 은밀한 사랑의 충동을 통해서 우리 주님에게서 얻을 수 있는 것이 무엇인지를 알 수 있습니다. 그것은 인간이 행할 수 있다고 여겨지는 다른 모든 수행을 넘어섭니다.

물론 나는 마리아가 크게 슬퍼했고, 자신의 죄 때문에 아주 비통하게 울었으며, 자신의 비참함에 대한 자각으로 놀랍게 겸손해졌다는 것에 기꺼이 동의합니다. 우리도 가엾은 존재이고 평생 습관적으로 죄를 짓는 사람으로서 이와 같이 해야 마땅합니다. 우리 죄로 인한 슬픔은 참으로 엄청나게 클 수밖에 없습니다. 우리는 또한 우리 자신의 비참함을 깨달음으로 깊이 겸손해져야 합니다.

어떻게 하면 되겠습니까? 분명 마리아가 했던 것처럼 하면 됩니다. 비록 마리아가 자신의 죄로 인한 마음의 깊은 슬픔에서 벗어날 수 없었으며—그것들이 결코 잊혀질 수는 없다는 의미에서— 마리아가 어디를 가든 그 슬픔이 그녀의 마음의 동굴 속에 은밀하게 저장되어, 그것을 자신에게 묶인 꾸러미처럼 평생 안고 다녔겠지만 말입니다.

그러나 여전히 언급되어야 하는 것, 즉 성경에 의해 뒷받침되는 것은 이렇습니다. 마리아가 마음에 더 크게 가졌던 애통함은 자신의 죄에 대한 자각 때문보다는 자신의 사랑이 부족하다고 느꼈기 때문입니다. 마리아는 그녀가 품었던 큰 사랑에도 불구하고 더 애통한 갈망을 품고 더 깊은 한숨을 쉬었습니다. 마리아는 자신의 부족한 사랑 때문에 거의 죽을 정도로까지 번민하였습니다. 이런 것에 우리가 놀랄 필요는 없습니다. 더 사랑할수록 더 사랑을 갈망하는 것이 진정으로 사랑하는 사람의 본성이기 때문입니다.

마리아는 진리 자체에 대한 자신의 경험을 통해, 자신이 다른 어떤 사람보다도 더 비참하고 가엾은 사람임을, 그리고 자신의 죄들이 자신이 그토록 사랑하는 하나님과 자기 사이를 갈라놓았음을 잘 이해했습니다. 또한 사랑의 부족함을 통해 그토록 오랜 시간 병을 앓는 큰 원인이 바로 자신의 죄 때문이었음을 잘 알았습니다.

그래서 마리아는 무엇을 했습니까? 그 이유 때문에 마리아는 높은 자신의 갈망으로부터 자신의 죄 많은 삶의 깊은 부분으로 내려와서 그 죄들의 역겹고 악취 풍기는 늪지와 똥 더미를 수색하였습니까? 그 죄들을 하나씩 차례로 꼼꼼하게 꺼내 올리며 그 모든 죄들을 두고 슬퍼하고 눈물을 흘렸습니까?

그렇지 않습니다. 마리아는 그런 일을 결코 하지 않았습니다. 그 이유는 무엇입니까? 왜냐하면 하나님께서 은혜를 베푸셔서 마리아의 영혼으로 하여금 그 자신이 이런 방식으로는 어떤 것도 성취하지 못하리라는 것을 이해하도록 이끄셨기 때문입니다. 그렇게 했다면 아마도 마리아는 모든 죄에 대한 용서를 얻기보다는 오히려 자신 안에 있는 죄를 다시 들어 올렸을 것입니다.

그리하여 마리아는 이 무지의 구름 안에 자신의 사랑과 동경하는 열망을 걸어 놓고, 자신의 이성 안에 있는 이해의 빛을 통해서 이생에서 분명히 볼 수 없을 뿐 아니라 자신의 감정을 통해 달콤한 사랑을 느낄 수 없는 가운데 어떤 것을 사랑하기를 배웠습니다. 이런 경향이 컸기에 마리아는 대체로 자신이 죄인이었는지 아닌지에는 거의 주의를 기울이지 않았습니다.

참으로 그렇습니다. 내가 생각하기에, 마리아는 주님에 대한 사랑으로 매우 자주 감정이 심하게 동요되었기에 주님께서 밋진 모습으로 앉아 그에게 말씀하시고 가르치실 때 그분의 고귀하고 거룩한 육신에 대한 어떤 미의식을 지니지 않았습니다. 또한 다른 어떤 것—그것이 신체적이든 영적이든—에 대해서도 생각을 기울이지 않았습니다. 이것이 진실임을 복음서가 증거하는 듯합니다.

제17장

진정한 관상가는 활동적인 생활에 관계하기를 바라지 않으며, 또한 자기를 반대하는 다른 사람의 행위나 말에도 마음을 쓰지 않는다. 진정한 관상가는 자기를 폄하하는 사람에게 스스로를 방어하려고 해서는 안 된다

누가복음에 의하면, 우리 주님께서 마르다의 집에 머무셨을 때, 마르다는 온종일 그분께서 드실 음식 준비로 분주했던 반면에, 그녀의 동생 마리아는 주님의 발치에 앉아 있었습니다. 주님의 말씀을 들으면서, 마리아는 언니의 분주한 활동에 참여할 시간을 낼 수 없었습니다. 비록 그런 분주한 활동이 매우 선하고 거룩한 것이었지만, 그러한 활동은 활동적 삶의 처음 부분[낮은 부분]이라고 할 수 있습니다.

또한 마리아는 거룩하고 소중한 주님의 신체에도 주목하지 않았고, 그분의 인성에 속한 멋진 목소리와 말에도 주의를 기울이지 않았습니다. 이런 것들에 주목하는 일은 활동적 삶의 두 번째 부분[높은 부분]이요 관상적 삶의 처음 부분[낮은 부분]이었기에, 활동적 삶의 낮은 부분보다는 더 좋고 거룩하지만 말입니다.

마리아는 그의 마음의 사랑을 다하여 주님의 신성에서 나오는 지고한 지혜, 그분 인성의 어두운 말들로 옷 입은 최상의 지혜를 관상하고 있었습니다. 마리아는 주님 곁을 떠나고 싶은 마음이 전혀 없었는데, 그것은 마리아 주변에서 보고 들었던 어떤 것 때문이 아니었습니다. 다만 마리아는 가만히 앉은 채, 그와 하나님 사이에 가로놓인 높은 무지의 구름을 치기 위해서 갈망하는 사랑으로 인해 일어나는 수많은 충동을 위로 올려보내고 있었습니다.

내가 당신에게 하고 싶은 말은 이것입니다. 신성에 대한 사랑과 관상 안에서 제아무리 높게 올라가서 황홀하게 된 사람일지라도, 그 자신과 하나님 사이에 놓여 있는 이처럼 높고 굉장한 무지의 구름을 발견하지 못했고, 그럴 정도로 순수한 피조물이란 아직 존재하지도 않았고 앞으로도 영원히 없을 것입니다.

마리아가 그 자신의 사랑의 은밀한 충동들을 발하면서 수행에 전념하였던 것은 바로 이 구름 안에서였습니다. 왜 그랬습니까? 이런 수행은 우리가 이 세상의 삶에서 가질 수 있는 가장 탁월하고 거룩한 관상의 경지입니다. 어떤 것 때문에도 이러한 수행을 그만두지 않는 것이 마리아의 열망이었습니다.

언니인 마르다가 마리아의 이런 경향이 매우 강하다고

생각한 나머지, 주님께 그녀에 관해 불평을 털어놓으며 마리아가 일어나 자기를 떠나지 않고 자기를 도와 일하고 수고하게 해달라고 요청했을 때, 마리아는 그저 침묵하며 앉아서 아무런 대답도 하지 않았습니다. 마리아는 스스로 표명할 수 있었던 어떤 불만 때문에 마르다를 향해 찌푸린 얼굴을 내비치지 않았습니다. 이런 것은 놀랍지 않습니다. 왜냐하면 마리아는 해야 할 다른 일이 있었고, 그것에 관해 마르다는 아무것도 알지 못했기 때문입니다. 따라서 마리아는 마르다의 말을 듣거나 마르다의 불평에 대꾸할 아무런 여유가 없었습니다.

나의 벗이여, 우리 주님과 이 두 자매 사이에 일어났던 이 모든 일, 말, 모습들이 모든 활동가들과 관상가들의 한 예로서 주어진 것임을 그대는 알 것입니다. 이는, 그때 이후로 지금까지 거룩한 교회 안에서 존재해 왔고, 또한 앞으로도 심판의 날 때까지 계속 존재하게 될 모든 활동가들과 관상가들의 예시입니다.

실로 마리아는 모든 관상가들을 대표하며, 관상가들은 마리아의 행위를 따라야 합니다. 마찬가지로 동일한 비교에 의거해서 볼 때, 마르다는 모든 활동가들을 대표합니다.

제18장

마르다가 마리아에 관해 불평하였듯이, 여전히 활동가들은 관상가들에 대해 불평한다. 이런 불평의 원인은 무지이다

마르다가 동생 마리아에 관해 불평하였듯이, 같은 방식으로 오늘날에도 모든 활동가들은 관상가들에 대해 불평합니다.

이 세상 어떤 단체에서 살아가든—그 단체가 수도회이든 일반 세상 단체이든 그런 것은 차이가 없습니다—남자나 여자가 은혜에 의해 감화를 받고 있다고 깨달을 때, 그리고 모든 외적인 일을 버리고 온전히 관상적 삶을 추구하라는 지도자의 충고에 마음이 움직임을 깨달을 때 (사실은 자신이 어떻게 해야 할지를 가장 잘 알고 있을 뿐 아니라 자신의 양심과 영적 지도자도 동일하게 충고하고 있습니다), 이럴 때마다 그런 사람의 형제들과 자매들, 가장 가까운 친구들, 또한 그 사람의 내적 움직임들에 대해 전혀 인식하지 못하고 또 관상적 삶의 방식에 대해서도 알지 못하는 다른 많은 사람들은 곧장 그 사람에 맞서면서 수많은 불평을 하게 됩니다. 그런 사람들은 관상의 길을 가려는 사람을 날카롭게 책망하며, 그 사람이 하려고 하는 것은 아무 쓸모가 없다고 말합니다. 또한 그 사람들은 관상적 삶을 살기 위해 헌신하다가 떨어져 나간 남녀들에 대한 이야기들(지어내기도 하고 실제이기도 한)을 당사자에게 말하기 시작합니다. 그러나 그런 사람들은 관상적 삶을 인내하며 살고 있는 사람들에 관해서는 결코 어떤 것도 말하지 않습니다.

사실 관상적 삶을 위해 세상을 버린 것으로 보이는 많은 사람들이 떨어져 나가고 있고, 또한 과거에도 그렇게 포기했다는 것에 나도 동의합니다. 그리고 세상을 버린 것으로 보이는 많은 사람들이 하나님의 종이 되고 그분의 관상가가 되는 대신에, 악마의 종이 돼버리기도 했음을 나는 알고 있습니다.

이런 일이 일어나는 이유는 그들이 진정한 영적 가르침을 따르려 하지 않기 때문입니다. 그리하여 그런 사람들은 위선자들 혹은 이단자들로 돼버리거나 광기와 다른 많은 종류의 불행들로 떨어져, 거룩한 교회의 수치가 돼버립니다.

그런데 우리가 주제에서 벗어나지 않도록 하기 위해 나는 이쯤 해서 그런 사람들에 대해 말하기를 중단하렵니다. 아마도 나중에 하나님께서 원하시고 어떤 필요가 생기면, 충절을 배반하는 일들의 원인과 성격에 관해 우리가 말할 수 있을 것입니다. 이제는 우리의 주제로 나아갑시다.

제19장

이 책의 저자의 간략한 변론:
활동가들이 관상가들의 말과 행위에 대해 불평하는 것을
관상가들은 너그러이 봐주어야 한다

 어떤 이들은, 내가 마리아에 대한 마르다의 불평이 세상적인 사람들의 말과 병행되는 유사점, 또는 세상적인 사람들의 말이 마르다의 불평과 병행되는 유사점을 보여준다고 해서, 내가 이 특별한 성인, 마르다에게 거의 공경을 표하지 않는다고 생각할 수도 있습니다.

 그러나 진실로 나는 마르다 혹은 그 사람들에게 불명예를 돌리고자 하는 뜻이 없었습니다. 이 책에서 내가 하나님의 모든 성인들에게, 특히 특별한 성인에게 어떤 정도로든지 비난을 가한 것으로서 받아들여질 수 있는 말을 하는 일은 없을 것입니다. 나는 마르다가 불평했던 이유를 마리아가 살았던 시대와 그녀가 말했던 방식을 충분히 고려하여 제시해야 한다고 생각합니다.

 마르다는 무지한 나머지 불평을 터뜨렸습니다. 그 당시에 마리아가 마음을 온통 쏟고 있었던 이유를 마르다가 알 수 없었다는 것은 이상한 일이 아닙니다. 그 당시로서는 그녀가 이런 완덕에 대해 거의 들어보지 못했을 것이라고 추측됩니다. 게다가 마르다는 공손하면서도 간결하게 불평을 표현했습니다. 따라서 마르다에게는 충분한 이유가 있습니다. 비슷하게, 세상에서 활동적인 삶을 살아가는 모든 남녀들이 앞서 우리가 언급했던 태도로 불평을 할 때, 그들로서는 충분한 이유가 있음에 틀림없습니다. 비록 그들이 하고자 하는 말을 거칠게 발설하지만 말입니다.

우리는 그들이 알지 못하고 하는 말에 여유를 보여야 합니다. 마르다가 주님께 마리아에 관해 불평했을 때, 그의 동생 마리아가 하고 있었던 일에 대해 거의 이해할 수가 없었던 것과 마찬가지로, 오늘날 이 사람들은 하나님의 이 젊은 제자들이 무엇을 하려고 하는지에 대해 거의 또는 전혀 알지를 못합니다. 그 젊은이들이 이 세상의 일들을 그만두고, 영적 거룩함과 의로움 안에서 스스로를 하나님의 특별한 종들이 되도록 세워갈 때 말입니다. 만약 그 사람들이 안다면, 아마도 그들은 지금 그들이 하는 대로 행동하거나 말하지 않을 것입니다.

그러므로, 내가 생각하기에 우리는 그 사람들을 항상 너그러이 봐주어야 합니다. 그 사람들은 자신들이 살고 있는 삶의 방식보다 더 좋은 방식을 알지 못하고 있습니다. 더 나아가서, 나는 지난 시절 스스로의 무지 때문에 말과 행동으로 저질렀던 셀 수 없이 많은 잘못들을 성찰해 볼 때, 내가 부지중에 저질렀던 잘못들을 너그러이 봐주시기를 하나님께 간청하게 됩니다. 그럴 때 나는 사람들이 부지 중에 하는 말과 행위들을 언제나 박애와 연민으로 너그러이 봐주어야 한다고 생각합니다. 그렇지 않다면, 나는 다른 사람들이 내게 해주기를 바라는 대로 다른 사람들을 대하지 않는 셈이 됩니다.

제20장

자신을 위한 변명을 위해 하나님을 사랑하는 자신의 직분을 떠나려고 하는 욕망을 품지 않는 사람들을 위하여 전능하신 하나님께서는 충분히 답변해 주실 것이다

그러므로 관상의 삶으로 들어선 사람들은 자신들에 대해 불평하는 활동가들에게 해명하려 들지 말아야 합니다. 그뿐 아니라, 영적인 일에 전념하는 나머지 자신에 관한 다른 사람들의 말과 행동에 거의 또는 전혀 주위를 기울이지 않아야 한다고 생각합니다. 우리 모두에게 본이 되는 마리아가, 그의 언니 마르다가 주님께 불평하였을 때 취했던 행동이 이런 것이었습니다. 만약 우리가 성실하게 그런 행동을 한다면, 주님께서는 그때 마리아를 위해 행하신 일을 이제 우리를 위해 행하실 것입니다.

주님이 하셨던 일이 무엇입니까? 그것은 이렇습니다. 마르다는 사랑이 많으시고 모든 것을 헤아리시는 우리 주 예수 그리스도께서 재판관이 되셔서, 마리아에게 일어나 자기를 도와 주님을 대접하라고 분부해 주시기를 요청했습니다. 하지만 그분은 마리아가 마음 속으로 그분의 신성을 사랑하는데 열렬하게 몰두하는 모습을 보셨기 때문에 그분에게 어울리는 정중한 어조로 마리아를 대변하여 마르다에게 대답하셨습니다. 즉, 자신을 해명하기 위해 주님께 대한 사랑을 떠나려고 하지 않았던 마리아를 위해서 말입니다.

그렇다면 그분께서는 어떻게 대답하셨습니까? 그분께서는 마르다가 호소했던 재판관, 그리고 당신을 사랑했던 마리아의 옹호자로서 이치에 맞게 변호하셨습니다.

그리고 주님께서는 "마르다야, 마르다야"라고 말씀하셨습니다. 마르다의 이름을 긴급하게 두 번을 부르신 것입니다. 왜냐하면 주님께서는 마르다가 그분의 말씀을 듣고 주의를 기울이기를 바라셨기 때문입니다.

그분께서는 이어서 이렇게 말씀하셨습니다. "네가 많은 일로 염려하고 근심하는구나."

사실 활동가들은 항상 수많은 여러 가지 것들에 마음을 쓰고 분주하게 마련입니다. 그 여러 가지 것들이란 우선 그들 자신의 필요 때문에 그들에게 주어진 것들입니다. 그 다음에 그것들은 동료 그리스도인들에게 자선을 베풀기 위해 행하는 자비의 행위들입니다. 주님께서 마르다에게 이렇게 말씀하셨던 것은, 마르다가 그의 분주함이 그 자신의 영혼의 구원을 위하여 선하고 유익한 것임을 알기를 원하셨기 때문입니다. 그러나 주님께서는 마르다에게, 그렇게 하는 것이 사람이 할 수 있는 가장 훌륭한 일이라고 생각하지 않도록, "오직 한 가지로도 족하다"라는 말씀을 덧붙이셨습니다.

그 한 가지 일이란 무엇입니까? 분명 그것은, 사람이 할 수 있는 신체적이거나 영적인 다른 모든 일에 앞서서 하나님만을 사랑하고 찬양하는 일이라고 생각됩니다.

또한 마르다 그 자신이 두 가지를 동시에, 즉 육적이거나 영적인 모든 다른 일에 앞서 하나님을 사랑하고 찬양할 수 있고, 동시에 이 세상 삶의 필요에 관련해 분주하게 될 수도 있다고 생각하지 않도록, 주님께서는 마르다를 위해 다음과 같은 사실을 명확하게 지적하셨습니다. 곧, 마르다가 육적인 일들과 영적인 일들 모두에서 완벽하게 하나님을 섬길 수는 없다는 점이었습니다(마르다는 불완전하게 섬길 수 있을 뿐입니다). 그리하여 주님께서는 이런 말을 보태셨습니다.

"마리아는 이 좋은 편[가장 좋은 몫]을 택하였으니 빼앗기지 아니하리라."

왜냐하면 이 지상의 삶에서 시작된 완전한 사랑의 움직임은 천상의 지복 가운데 끝이 없이 지속될 것과 모든 점에서 동일하기 때문입니다. 그 두 가지는 하나입니다.

제 20 장 • 93

제21장

"마리아는 이 좋은 편(가장 좋은 몫)을 택하였다"라는 복음서 구절에 대한 올바른 해석

"마리아가 이 좋은 편(가장 좋은 몫)을 택하였다"는 구절이 뜻하는 바는 무엇입니까? 확실하게 가장 좋은 것이 될 수 있기 위해서는 다음과 같은 두 가지가 그에 앞서 전제되어야 합니다. 좋은 것과 더 좋은 것. 그리고 가장 좋은 것이 세 번째가 됩니다.

마리아가 세 가지 중에서 가장 좋은 것을 선택했다면, 그 세 가지는 어떤 것들입니까? 그것들은 세 가지 종류의 삶이 아닙니다. 왜냐하면 거룩한 교회는 오직 두 가지 종류의 삶, 곧 활동적 삶과 관상적 삶만을 고려하기 때문입니다. 이 두 종류의 삶은 마르다와 마리아 두 자매에 관한 복음서 이야기에서 우의적으로 이해됩니다. 마르다는 활동적 삶을, 마리아는 관상적 삶을 빗대어 가리키는 인물입니다. 이 두 종류의 삶을 벗어나서는 어떤 사람도 구원될 수 없습니다. 또한 오직 두 가지만 있는 경우에 그 누구도 가장 좋은 것을 택할 수 없습니다.

그러나 비록 두 가지 종류의 삶만이 있다고 하더라도,

이 두 가지 안에는 세 가지 부분이 있고 한 부분은 또 다른 부분보다 더 좋습니다. 이 세 부분에 대해서는 이 책의 앞부분에서 이미 명확히 다룬 바 있습니다. 앞서 언급했듯이, 첫 번째 부분은 자비와 자선이라는 선하고 성실한 육체적 활동으로 이루어집니다. 우리가 보았듯이, 이는 활동적 삶의 낮은 단계입니다. 이 두 종류의 삶 가운데 두 번째 부분은 선한 영적 묵상, 곧 인간 본연의 비참함에 대한, 그리스도의 수난에 대한, 천국의 기쁨에 대한 영적 묵상들로 이루어집니다. 위의 첫 번째 부분도 좋지만, 이 두 번째 부분은 더 좋습니다. 왜냐하면 이 부분은 활동적 삶의 높은 단계이자 동시에 관상적 삶의 낮은 단계이기 때문입니다. 이 두 번째 부분에서 관상적 삶과 활동적 삶은 영적인 관계 안에서 서로 함께 결합됩니다. 이 두 부분은 마르다와 마리아의 경우를 따라 자매들이 됩니다. 활동가는 따라서 관상을 통해서 더 높이 진보할 수 있습니다. 그러나 특별한 은혜에 의하지 않고서는 그는 더 이상 높이 올라갈 수 없습니다. 한편, 관상가는 이 부분 외에는 활동적 삶의 보다 낮은 부분으로 내려가지는 않을 것입니다. 극히 드문 경우나 어떤 특별한 필요가 있을 경우를 제외하고 말입니다.

이 두 가지 삶의 세 번째 부분은 하나님 그분 자신만을 향한 사랑의 은밀하고 수많은 충동들을 발하면서 그 무지의 어두운 구름 가운데 있습니다. 첫 번째 부분은 좋고, 두 번째 부분은 더 좋으며, 세 번째 부분은 이 중에서 가장 좋습니다. 바로 이것이 마리아가 택한 가장 좋은 부분입니다. 그러므로 분명히 우리가 이해할 수 있는 것은, 주님께서 "마리아는 가장 좋은 삶을 선택했다"라고 말씀하지 않으셨다는 점입니다. 왜냐하면 우리에겐 오직 두 종류의 삶이 있으며, 그 누구도 둘 중에서는 가장 좋은 것을 선택할 수 없기 때문입니다. 다만 그분께서는, 이 두 종류의 삶 중에 마리아가 선택한 것은 가장 좋은 부분[개역개정판 본문에서 "이 좋은 편"으로 번역되었음]으로서, 그가 이것을 "빼앗기지 아니하리라"라고 말씀하셨습니다. 첫 번째 부분과 두 번째 부분도 모두 다 선하고 거룩하지만, 그 부분들은 이 지상의 삶과 함께 끝이 납니다. 왜냐하면 저 세상의 삶에서 우리가 자비를 베풀거나, 우리의 비참함과 그리스도의 수난 때문에 눈물을 흘리는 일은 필요하지 않게 될 것이기 때문입니다. 또한 그때에는 그 누구도 배고프지 않고 목마르지 않으며, 추위로 죽지 않고, 병들지도 않고, 집도 없이 헤매지 않고, 감옥에 갇히지 않으며, 죽어서 땅속에 묻히게 되지 않을 것이기 때문입니다. 그곳에서는 아무도 더 이상 죽지 않게 될 것이기 때문입니다.

그러나 은혜에 의해서 세 번째 부분으로 부름받은 사람들이 마리아가 선택했던 그 부분을 택하기를 바랍니다. 보다 정확하게 말하자면, 하나님께서 그 부분을 위해 택하신 사람들이 갈망을 가지고 그 몫을 향하여 나아가기를 바랍니다. 그 몫은 결코 빼앗겨질 수 없을 것입니다. 그 세 번째 부분이 이 지상의 삶에서 시작될 때, 그것은 끝이 없이 지속될 것입니다.

그러므로, 주님께서 하신 말씀을 이런 활동가들을 향해 크게 외치도록 합시다. 마치 그분께서 마리아를 위하여 마르다를 "마르다야, 마르다야"라고 부르시며 말씀하셨듯이, 우리를 위하여 그 활동가들에게 지금 이렇게 말씀하고 계시는 것처럼 말입니다. "활동가들아, 활동가들아, 너희들은 첫 번째 부분과 두 번째 부분에서 너희들이 할 수 있는 최선을 다해 한 번은 이것에서 또 다른 한 번은 저것에서 분주하구나. 그리고 너희들이 매우 갈망하거나 스스로 마음이 내킨다고 느끼면, 동시에 그 모든 것을 하면서 바쁘구나. 그러나 관상가들을 방해하지는 말도록 하여라. 너희들은 관상가들이 무엇을 하는지를 알지 못하고 있다. 세 번째 부분으로 마리아의 가장 좋은 몫을 지닌 관상가들이 자기 숙소에 앉아 그들 고유의 수행을 하도록 놔두어라."

제22장

참으로 회심하여 관상의 은혜로 부름받은 모든 죄인들을 상징하는 마리아에게 부어지는 그리스도의 놀라운 사랑

우리 주님과 마리아 간의 사랑은 향긋했습니다. 주님을 향한 마리아의 사랑이 컸지만, 주님의 사랑은 그보다 더 컸습니다. 만약 우리가 주님과 마리아 사이에 일어났던 모든 광경을 제대로, 즉 부질없는 세상적 이야기에 따라서가 아니고, 거짓일 수가 없는 복음서의 이야기가 전하는 증언에 따라 관상한다면, 우리는 마리아의 마음이 주님을 사랑하는 데에만 고정되어 있어서 주님 아래 있는 그 어떤 것도 마리아에게 안식을 가져다줄 수 없었으며, 그와 동시에 마리아의 마음이 주님께로 가는 것을 막을 수도 없었다는 것을 발견하게 될 것입니다. 이런 마리아는 주님의 무덤가에서 흐르는 눈물로 주님을 찾았던 마리아, 천사들을 통한 위로도 마다했던 바로 그 마리아[이 저자는 베다니의 마리아와 막달라 마리아를 동일시하고 있다]입니다 (요 20:7-18).

그 천사들은 너무도 감미로운 사랑으로 마리아에게 이렇게 말했습니다.

"마리아야, 울지 마라. 네가 찾는 우리 주님께서는, 그분께서 말씀하시던 대로 살아나셨다. 너는 그분을 찾을 뿐 아니라 갈릴리에서 그분의 제자들 중에 생전의 모습으로 살아계시는 그분을 보게 될 것이다"

이런 천사의 말을 듣고도 마리아는 떠나려고 하지 않았습니다. 왜냐하면 마리아가 생각하기로, 천사들의 왕 되신 분을 진정으로 찾는 사람들이라면 그 천사들 때문에 그분을 찾는 일을 중단해서는 안 되기 때문입니다.

더욱이, 복음서 이야기를 주의 깊게 살펴본 사람이라면 누구나 우리의 가르침에 참고가 되는 마리아의 완전한 사랑에 관해 기록된 수많은 놀라운 예들을 발견하게 될 것입니다. 마리아의 그 놀라운 예들은 이 책에서 기술하고 있는 수행과 부합됩니다. 마치 그런 예들이 바로 이러한 수행을 목적으로 기록된 것처럼 말입니다. 참으로, 우리가 그 이야기들을 올바르게 이해할 수 있을 때, 그 이야기들은 이 수행에 도움이 될 것입니다.

만약 우리가 복음서 이야기에서, 주님께서 마리아를 향해 지니고 계셨던 놀랍고도 특별한 사랑을 보기를 원한다면—즉 마리아는 진정으로 회심을 하고 관상의 은혜로 부름을 받은, 과거에 습관적으로 죄를 지었던 모든 사람들을 대표합니다—우리는, 우리 주님께서는 그 어떤 남녀에게도, 심지어 마리아의 언니에게도 마리아를 반대하는 말을 하도록 허락할 수 없으셨음을 발견하게 될 것입니다. 그렇게 할 수 있었던 것은 마리아를 위해 대답하신 그분뿐이었습니다. 게다가, 주님께서는 나환자 시몬의 집에서 시몬을 꾸짖었습니다. 시몬은 마음 속으로 마리아에 반대하고 있었기 때문입니다[저자는 이 책에서 복음서의 세 여인, 즉 죄인이었던 여자(눅 7:36), 베다니의 마리아, 막달라 마리아를 동일시하고 있다]. 주님의 이 사랑은 크고도 탁월한 사랑이었습니다.

제 23장

하나님께서는 당신께 대한 사랑에 사로잡혀서 자기 자신들을 위해서는 답변하지도, 대비하지도 않는 사람들을 위하여 영적으로 변호해 주고자 하신다

 그렇다면 우리가 진실로 최선을 다해 그분의 은혜와 영적 지도를 통해 마리아의 사랑과 생활 양식을 따르기를 마다하지 않는다면, 주님께서는 지금 우리를 위해 영적으로, 날마다 동일한 방식으로, 우리의 말을 반박하거나 우리와 반대로 생각하는 모든 사람들의 마음 속에 어김없이 대답해 주실 것이라 믿어 의심치 않습니다.

 우리가 고통스러운 이 생을 살아가는 동안 우리를 반대하는 말이나 생각을 하는 사람들이 늘 있게 마련입니다. 마리아에게 그렇게 했듯이 말입니다.

 그러나 내가 말하고자 하는 것은 우리가 그녀가 그랬던 것처럼 그런 사람들의 말이나 생각에 주의를 기울이지 않고, 은밀한 영적 수행을 포기하지 않는다면, 우리 주님께서 영 안에서 그들에게 답변해주시리라는 사실입니다. 그렇게 생각하고 말하는 사람들은 아무 탈 없이 잘 지내다가 며칠 내에 자신이 했던 말과 생각을 부끄러워하게 될 것입니다.

주님께서는 영 안에서 이런 방식으로 우리를 변호해 주실 뿐 아니라 다른 사람들을 통해서 우리에게 이 세상의 삶에 필요한 음식이나 옷 등의 모든 필요한 것을 제공해 주실 것입니다. 우리가 세상 삶에 필요한 것들에 매달리면서 그분을 사랑하는 일을 멈추지 않을 때 그분께서 채워주십니다.

나는 잘못된 생각을 주장하는 사람들을 반박하면서 이런 이야기를 하고 있습니다. 다시 말해서, "우리가 우선 자신을 위해 필요한 것들을 확보하는 데 대해 걱정한다면, 관상적 삶을 통해 하나님을 섬기는 데에 우리 자신을 헌신하는 일이 합당하지 않다"라고 주장하는 사람들의 오류를 반박하고자 합니다.

그 사람들은, 하나님께서는 소를 보내주시되 그 뿔을 잡도록 해주시지는 않는다고 말합니다[하나님께서는 해결책을 완성된 형태로 주시지는 않는다는 것을 의미한다]. 그들이 하나님에 대해 이렇게 말하는 것은, 그들 자신들도 잘 알고 있듯이 그릇된 일입니다.

이 세상을 등지고 진실로 하나님을 택한 사람은 당신이 전혀 힘을 쓰지 않더라도 하나님께서 당신에게 다음의 두 가지 중 하나를 주신다는 사실을 항상 믿어야 합니다. 즉, 필요한 것을 풍성하게 주시거나 아니면 필요한 것의 부족함을 견딜 수 있는 영적인 인내와 신체적 힘을 주실 것입니다.

그렇다면 우리가 그 둘 중 어느 것을 갖든지 그것이 무슨 문제가 되겠습니까? 진정한 관상가들에게는 그 모두가 다 같은 것입니다. 이런 점에 대해 의심을 품는 사람은 누구든지 그 마음 안에 악마가 들어 있어 그 사람의 신앙을 강탈하고 있지 않다면, 그런 사람은 아직 진정으로 하나님께로 마음을 돌린 사람이 아닙니다. 그 사람이 누구일지라도, 또한 이 점에 반대하며 그가 아무리 영리하고 대단한 이유를 내세우더라도 말입니다.

그러므로 마리아가 그러했듯이, 관상가가 되고자 하는 그대는 그대 자신의 불완전함과 비참함 때문에 겸손해지기를 선택하기 보다는, 오히려 하나님의 완전함과 훌륭함, 그 놀라운 고귀함 아래서 겸손해지기를 선택하십시오.

다시 말해서, 당신 자신의 비참함보다는 오히려 하나님의 훌륭함을 당신이 관상하는 특별한 대상으로 삼으십시오. 온전히 겸손한 사람들에게는 육체적인 것이든 영적인 것이든 그 어떤 것에서도 부족함이 없을 것입니다. 그 이유는 그 사람들이 하나님을 가졌기 때문입니다.

그분 안에서는 모든 것이 풍성합니다. 참으로 이 책이 말하듯이, 누구든지 그분을 가진 사람은 이 세상의 삶에서 그분 외에 다른 어떤 것을 필요로 하지 않습니다.

제 24장

아가페적인 사랑의 본질. 그런 사랑은 이 책에서 설명하는 관상 수행 안에 섬세하고 완벽하게 포함된다

이미 언급한 것처럼, 겸손은 다른 모든 것을 내려 놓고 잊어버린 채 어두운 무지의 구름을 강타하는 다소 맹목적인 사랑의 충동 안에 섬세하고도 완벽하게 포함되어 있습니다.

우리는 다른 모든 덕들, 특별히 아가페적인 사랑도 동일하게 이해할 수 있습니다. 아가페적인 사랑은 만물에 앞서 무엇보다도 먼저 하나님을 그분 자신을 위하여 사랑하는 것, 그리고 하나님을 위하여, 자기 자신을 사랑하는 것과 동일하게 다른 사람들을 사랑하는 것 외에 다른 그 무엇이 아닙니다.

이 관상 수행에서, 우리가 만물에 앞서 하나님을 그분 자신을 위하여 사랑함이 너무나 마땅합니다. 왜냐하면, 이미 앞서 말했듯이, 이 관상 수행의 본질은 단순하고 직접적으로 하나님 그분을 위하여 접근하여 가는 것 외에 다른 무엇이 아니기 때문입니다.

내가 이것을 단순하게 접근하여 가는 것이라고 부르는

이유는, 이 관상 수행에서 온전한 수행자는 고통에서 벗어나기를 요청하거나, 그 자신이 받을 보상이 증가되기를 요청하지 않기 때문입니다.

한마디로 말하자면, 그런 수행자는 하나님 그분 외에는 아무것도 바라지 않습니다. 그렇기 때문에 그런 수행자는 그 자신이 고통 가운데 있는지 혹은 기쁨 중에 있는지에 대해 신경을 쓰지 않고, 다만 자신이 사랑하는 분의 뜻이 이루어지기만을 고려합니다. 따라서 분명한 것은, 이 수행에서 우리는 만물에 앞서 무엇보다 하나님을 그분 자신을 위하여 온전하게 사랑하도록 되어 있다는 것입니다.

이런 관상 수행에서 온전한 수행자는 하나님께서 그들과 교감하시기 위해 지으신 가장 거룩한 피조물조차 기억하지 않습니다.

경험적으로 보건대, 이런 수행의 과정에서 아가페적인 사랑의 보다 낮은 이차적인 사랑, 곧 우리의 동료 그리스도인을 위한 사랑도 참되고 완벽하게 성취됩니다. 왜냐하면 온전한 수행자는 여기서 어떤 개인에 대해, 그 사람이 친척이든 낯선 사람이든 친구이든 적이든 관계없이 특별한 관심을 두지 않기 때문입니다.

온전한 수행자는 모든 사람들을 자신의 친척처럼 대하며, 어떤 사람도 그에게는 이방인이 아닙니다. 그는 모든 사람을 자신의 친구로 대하며, 그 누구도 그의 적이 될 수 없습니다. 이렇기 때문에 그런 온전한 수행자는 자신에게 고통을 야기하는 모든 사람들, 나아가 이 세상의 삶에서 자신에게 해를 끼치는 모든 사람들을 아주 특별한 친구들로 여깁니다. 온전한 수행자는 자신이 가장 사랑하는 친구들을 위해 그렇게 하는 것처럼, 그런 사람들에게도 축복을 빌어 주리라고 마음을 먹습니다.

제 25장

관상 수행을 하는 동안에 온전한 영혼은 이 세상 삶에서 그 어떤 사람도 특별하게 여기지 않는다

이 관상 수행을 하는 동안, 수행자는 살아 있는 어떤 사람도 그가 친구이든 적이든 친척이든 낯선 사람이든 특별하게 여겨서는 안 됩니다. 왜냐하면 이 수행이 완전해질 때 그런 일은 있을 수 없기 때문입니다. 하나님 아래 있는 모든 것들이 완전히 잊혀질 때처럼 말입니다. 이런 것이 이 관상 수행에 적합한 일입니다.

그러나 내가 말하고자 하는 것은 그런 수행자는 이 관상 수행을 통해 덕스럽고 자비로워져서 마침내 사람들이 있는 곳에 가거나 동료 그리스도인들을 위해 기도하게 될 때, 자신의 적을 마치 친구처럼 대하고 낯선 사람을 친척처럼 대하게 된다는 것입니다.

물론 이 말은, 그 수행자가 자신의 수행에서 완전히 자리를 털고 나온다는 말이 아닙니다. 그런 것은 큰 죄가 아닐 수 없습니다. 다만 내가 뜻하는 것은, 관상 수행이 어떤 경지에 오르게 되었을 때, 그 수행자가 때때로 행해야 하는 것을 뜻합니다. 자비로운 사랑의 요구에 따라 그런 행함이 합당하고 또 필요할 때 말입니다. 그렇습니다. 관상가의 선한 뜻은 때로 자신의 친구보다는 오히려 적을 향해야 합니다.

그러나 이 관상 수행에서 내가 말하고 싶은 것은, 수행자에게는 누가 자신의 친구이거나 적인지, 누가 친척이며 누가 이방인인지를 고려할 한가로운 틈이 허락되지 않는다는 점입니다.

물론 내가 말하는 것이, 수행자가 때로 혹은 종종, 자신의 마음이 다른 모든 사람보다 소수의 몇 사람에게 더 끌리도록 해서는 안 된다는 것을 뜻하지는 않습니다. 그런 것은 여러 이유에서 합당할뿐더러 아가페적 사랑이 요구하는 바이기도 합니다. 우리 주님이신 그리스도께서도 다른 많은 이들 가운데 요한과 마리아, 베드로에 대해 그런 특별한 애정을 가지셨습니다.

내가 말하는 것은, 이 수행을 하는 동안 수행자에게는 모든 사람이 똑같이 소중해야 한다는 점입니다. 왜냐하면 바로 그럴 때 수행자가 하나님이 아니고서는 사랑의 다른 원인이 있을 수 없다는 것을 경험할 것이기 때문입니다. 그리하여 모든 사람이 그야말로 분명히 하나님 때문에 사랑할 대상이 되어 수행자는 자기 자신을 사랑하듯이 그렇게 타인을 사랑하게 됩니다.

모든 사람이 아담을 통해 타락하게 되었듯이, 또한 선행을 통한 구원의 갈망을 증언하는 모든 사람이 오로지 그리스도의 수난의 능력에 의해 구원되고 또 앞으로도 구원되듯이, 이 관상 수행을 통해 완벽하게 주님 자신의 사랑을 확장시켜 갈 것입니다.

그리하여 영 안에서 하나님께 결합되는 영혼은 영 안에 있는 모든 것을, 정확히 하나님께서 하듯이 하는 것은 아니어도 그와 비슷하게 행합니다. 이 관상 수행의 체험이 증언하듯이, 모든 사람을 이 수행을 통해 본래대로 온전하게 만들기 위해서 말입니다. 왜냐하면, 우리 몸의 한 지체가 아플 때, 다른 모든 지체들도 고통 가운데 있게 되고 그래서 안 좋은 영향을 받게 되는 것처럼, 또는 우리 몸의 한 지체가 건강할 때 다른 모든 지체들도 건강한 것처럼, 영적으로 거룩한 교회의 모든 지체들도 그와 같기 때문입니다.

우리가 사랑 가운데 머무는 한, 그리스도께서 우리의 머리 되시고 우리는 한 몸의 지체들입니다. 누구든지 주님의 완전한 제자가 되기를 갈망하는 사람은 이 영적인 수행 안에서, 그의 한 지체되는 형제자매의 구원을 위하여 그의 영을 들어 올리도록 부름받습니다. 우리의 주님께서도 십자가 위에 그분 자신의 몸을 들어 올리셨듯이 말입니다.

그러면 어떻게 해야 합니까? 그런 일을 한다는 것은, 수행자 자신의 친구나 친척들 또 자신을 소중하게 사랑하는 사람들을 위해서가 아니고, 보편적으로 모든 인류를 위한 것, 즉 저 사람보다는 이 사람을 더 특별하게 여기지 않는 태도로 모든 인류를 위한 것입니다. 죄를 버리기를 갈망하고 자비를 구하는 모든 사람은 그리스도 수난의 능력을 통하여 모두 구원을 받아야 하기 때문입니다.

겸손과 아가페적 사랑에 관해 지금까지 언급된 것은 다른 모든 덕에 관한 것으로도 이해됩니다. 왜냐하면 그 모든 덕은 이미 언급된, 사랑의 그 작은 충동 안에 섬세하게 다 포함되기 때문입니다.

제 26장

관상 수행은 매우 특별한 은혜가 없이는, 혹은 오랜 시기 동안 동반되는 보통의 은혜의 도움으로 꾸준하게 훈련함이 없이는 매우 힘든 것이다. 관상 수행에서 구분되는, 은혜에 의해 도움을 받는 영혼의 활동과 오직 하나님께서 행하시는 활동에 대해서

  그러므로 짧은 시간 동안 맹훈련을 하며 저 높은 무지의 구름을 세게 치고, 그러고 나서는 휴식을 취하십시오. 어떤 사람이든지 이 관상 수행에 익숙해지기 위해서는 열심히 훈련해야 합니다. 그렇습니다, 수행자가 매우 특별한 은혜를 받지 않는 한, 혹은 오랜 시간에 걸쳐 수행이 일상적 습성이 되지 않는 한, 이것은 참으로 매우 힘든 훈련입니다.
  아마도 당신은 이렇게 물을 것입니다. 이런 힘든 훈련은 어디에 있습니까? 분명히, 그 사람의 자력이 아니라, 전능하신 하나님께서 끊임없이 그 사람 안에 일으키는 사랑의 충동 안에 있지는 않을 것입니다. 그런 하나님의 이끄심은 관상 수행을 할 마음이 있는 모든 영혼을 향해 일하고자 언제나 준비가 되어 있습니다. 하나님께서는

영혼이 이런 수행을 감당할 수 있는 준비를 갖추도록 각 영혼 안에서 역사하고 계시며, 오래 전부터 역사해 오셨습니다.

그렇다면 이런 힘든 훈련은 정확히 어디에 있는 것입니까? 그것은 하나님께서 만드신 모든 피조물에 대한 인식을 밟아버리며 그것들을 망각의 구름 아래로 차단시키는 데에 있습니다. 이런 것에 관해 우리는 이미 앞서 살펴보았습니다. 모든 힘든 훈련이란 바로 여기에 있습니다. 은혜를 힘입어 우리가 할 일이란 바로 이것입니다. 이런 일을 넘어서서 있는 다른 것, 곧 사랑의 충동은 하나님께서 홀로 이루시는 일입니다. 그러므로 그대 자신이 해야 할 일을 강행하십시오. 그러면, 내가 약속하건대, 하나님께서는 당신 자신이 행하실 일을 결코 잊지 않으실 것입니다.

그러니 열심히 수행하며 그대의 기개를 보이십시오. 하나님께서 어떻게 그대를 기다리며 서 계시는지 보이지 않습니까? 사실 부끄럽지 않습니까! 열심히 훈련하는 것은 잠깐 동안이고, 이내 당신은 그 고되고 극심한 일로부터 안식을 발견하게 될 것입니다. 비록 처음에 그대가 전념하지 않을 때 그것은 어려운 일인 동시에 그대를 괴롭히는 일이지만, 이후에 당신이 몰두하게 될 때는 그 일이 편안하고 매우 수월해질 것입니다. 그 전에는 그렇게도 어려웠는데 말입니다. 그렇게 되면 당신은 당신이 할 일을 거의, 아니 전혀 아무것도 하지 않아도 될 것입니다. 왜냐하면, 그때에는 하나님께서 일하시고, 때로는 그분께서 모든 것을 다 하시기 때문입니다.

그러나 항상 그렇다는 것은 아니고 또 오랫동안 함께 하신다는 것도 아닙니다. 그러나 하나님께서 원하실 때, 그분께서 원하시는 대로 하나님께서 일하실 것입니다. 그러면 하나님께서 그 일을 하시도록 맡기는 것이 당신에게 기쁨을 주게 될 것입니다.

아마도 그럴 때, 하나님의 뜻에 따라 한 줄기 영적인 빛이 그대에게 비추어져 하나님과 그대 사이에 가로놓인 저 무지의 구름을 꿰뚫게 될 것이고, 하나님께서는 그대에게 하나님의 비밀스러운 어떤 것을 보여주실 것입니다. 그런 비밀에 관해 우리는 말해서는 안 되고 할 수도 없답니다. 그때 당신은 하나님 사랑의 불과 함께 온통 타오르는 당신 자신의 사랑을 느끼게 될 것입니다. 그런 사랑의 강렬함은 지금 내가 그것에 관해 당신에게 말할 수 있고 말하고 싶어 하는 것을 훨씬 더 능가합니다.

나는 하나님께만 속하는 일에 대해 감히 내 육신의 혀가 부질없이 지껄이도록 내버려 둘 수 없습니다. 간단히 말하자면, 내가 말할 용기가 있다고 하더라도 나는 그렇게 하고 싶지 않을 것입니다. 그러나 수행자 자신이 은혜에 의해 움직여지고 도움을 받는다고 느낄 때, 그런 사람과 관계되는 일에 관해서는 내가 기꺼이 말할 수 있습니다. 하나님께만 속하는 일에 대해서 말하는 것보다는 사람과 관계되는 일에 대해 말하는 것이 덜 위험스럽기 때문입니다.

제27장

누가 이 은혜로운 수행을 할 사람인가

 무엇보다 먼저 내가 당신에게 말하고자 하는 것은, 어떤 사람이 이 관상 수행에 정진해야 하는지, 그리고 언제 어떤 방법으로 할 수 있는지, 수행 중에 지녀야 할 신중함은 어떤 것인지에 대해서입니다.

 만약 그대가 내게, 과연 어떤 사람이 관상 수행에 정진해야 하는지를 묻는다면, 나의 대답은 이렇습니다. 이 세상을 버릴 진지한 뜻을 지니고, 활동적인 삶이 아닌 관상이라고 불리는 삶에 헌신할 수 있는 사람입니다. 이런 사람이라면 모두, 습관적으로 죄를 지었던 사람이든 아니었든 관계없이 그 어떤 사람이라도 이 은혜에, 이 수행에 헌신해야 할 것입니다.

제 28 장

자신의 모든 구체적인 죄들로부터 양심 안에서 합당하게 벗어나기 전에는 그 누구도 이 수행에 착수하려고 생각해서는 안 된다

만약 당신이 내게, 언제 그런 사람들이 이 관상 수행에 착수해야 하는지를 묻는다면, 나의 대답은 이렇습니다. 그 사람들이 이전에 저질렀던 모든 구체적인 죄들이, 거룩한 교회의 통상적인 지시에 따라서 그들의 양심으로부터 씻겨진 후입니다.

죄를 고백한 후에도, 그 고백이 얼마나 진정한 것이었는지에 관계없이 영혼 안에 언제나 남아 있게 마련인 죄의 큰 뿌리와 토양은 이 관상 수행을 하는 동안에 모두 메말라 없어질 것입니다. 그러니 이 수행에 입문하기를 원하는 사람이면 누구나 우선 먼저 그 자신의 양심을 정결하게 씻도록 해야 합니다. 그가 교회법에 따라 의무를 이행하면서 해야 할 것을 다 했을 때, 그 사람은 담대하고도 겸손하게 이 관상 수행에 입문할 수 있습니다.

그는 너무 오랫동안 이 수행으로부터 멀어져 있었다고 여겨야 합니다. 왜냐하면 이것은 한 개인이 평생을 두고

행해야 하는 수행이기 때문입니다. 비록 그가 무거운 죄를 결코 짓지 않는다고 하더라도 말입니다.

우리가 언젠가는 죽어야 할 이 육신 안에서 살아가는 한, 우리는 자신과 하나님 사이에 가로놓인 이 두꺼운 무지의 구름을 언제나 보고 느낄 것입니다. 게다가 하나님께서 만드신 많은 피조물 중 어떤 것들, 혹은 그 피조물들의 어떤 행위들이 항상 우리 자신과 하나님 사이에서 우리의 의식에 그것들을 끼워 넣으려 함을 늘 보고 느끼지 않을 수 없는 것은 원죄로 말미암은 고통스러운 결과 중의 하나입니다.

즉, 이것은 하나님의 공정하신 심판으로서, 인간이 다른 모든 피조물을 다스리는 권한을 지니고 있었을 때 그가 의도적으로 자신의 하나님이며 창조주이신 분의 명령을 버리고, 자신이 다스리는 대상들을 향하는 욕망에 스스로를 굴종시키도록 만든 일에 대해 내려졌습니다. 이제는 우리가 하나님의 명령을 따라 행하기를 원하기에, 우리는 우리의 밑에 있어야 할 모든 피조물들이 우리 위에 계신 하나님과 우리 사이에서 위에 언급한 것과 같은 방식에 따라, 오만하게 우리 자신을 짓누르는 것을 보고 느끼게 됩니다.

제 29 장

우리는 이 수행에서 오는 고통을 견디고 아무도 판단하지 않으면서, 끈기 있게 수행에 정진해야 한다

그러므로 누구든지 죄로 인해 그가 잃어버렸던 순수성을 회복하여, 모든 슬픔이 사라진 행복에 도달하기를 열망하는 사람은 이 관상 수행의 힘든 작업을 끈기 있게 버텨야 하고 그 고통을 견뎌야 합니다. 그 사람이 누구든지, 그가 습관적으로 죄를 지었던 사람이든 아니든 관계없이 말입니다.

모든 사람들―죄인이거나 아니면 무거운 죄를 결코 범한 적이 없었던 무죄한 사람이거나 간에―은 이 관상 수행이 힘들다는 걸 알게 됩니다. 죄인이었던 사람들에게 이 수행은 그렇지 않은 사람들이 느끼는 것보다 훨씬 더 힘듭니다. 이는 매우 당연한 일입니다.

그런데 종종, 이전에 사악하고 습관적으로 죄를 범했던 어떤 사람들이 그렇지 않았던 사람들보다 더 빠르게 수행을 통한 완덕에 이르게 되는 일이 발생하기도 합니다. 이런 것은 우리 주님께서 베푸시는 자비의 기적입니다. 그분께서는 온 세상이 놀라도록 이런 특별한 방법으로 당신의 은혜를 주시기도 합니다. 나는 진정으로 심판의 날이 하나님과 그분께서 주시는 모든 선물이 분명하게 드러나게 되는 기쁨의 때가 되기를 고대합니다. 흔한 죄인들이나 지금 사악한 죄인들인 어떤 사람들처럼 현재는 멸시를 받고 쓸모없는 사람으로 간주되는 이들이, 그때에는 하나님 앞에서 그들의 정당한 자리를 성인들과 함께 차지하게 될 것입니다. 한편, 현재 매우 거룩하게 보이는 어떤 이들과 천사 같은 행동으로 사람들의 존경을 받는 이들, 그리고 아마도 결코 무거운 죄를 범하지 않았던 어떤 이들이 지옥의 우상들 가운데서 비통한 처지에 놓이게 될 것입니다.

이로서 그대가 깨달을 수 있는 것은 여기 이 세상의 삶에서는 아무도 자신의 선행이나 악행으로 다른 사람들의 판단을 받아서는 안 된다는 것입니다. 물론, 사람들에 대해서가 아니고 다만 행위에 대해서 그것이 선한지 혹은 악한지를 판단하는 것은 합당합니다.

제30장

누가 다른 사람들의 잘못을 판단하거나 꾸짖을 만한가

그렇다면 누가 다른 사람들의 행동을 판단할 수 있겠습니까? 분명히, 사람들의 영혼에 대해 권한을 가지고 있으며 그 영혼들을 돌보는 이들입니다. 그 권한이 외적으로 거룩한 교회의 규정과 법에 의해 주어졌든지, 혹은 내적으로 완전한 사랑 안에서 성령의 특별한 충동에 의해 영으로 주어졌든지 말입니다.

모든 사람은 자신이 참으로 성령에 의해 내적으로 인도를 받고 있다고 느끼지 않는 한, 다른 사람들의 잘못에 대한 비난과 책망을 스스로 행사하려고 들지 않도록 주의해야 합니다. 그렇지 않다면 그런 사람은 그의 판단에서 매우 쉽사리 오류에 빠질 수 있습니다.

그러므로 주의하십시오. 자기 자신에 대해서는 그대가 원하는 대로 판단하십시오. 그것은 그대와 하나님 사이, 혹은 그대와 그대의 영적인 아버지 사이의 문제입니다. 그러나 다른 사람들은 그대로 내버려 두십시오.

제31장

관상 수행을 처음 할 때 일어나는 모든 사악한 생각과 충동들을 어떻게 스스로 다루어야 하는가

거룩한 교회의 판단에 의한 규정에 따라 보속을 하기 위해 당신이 할 수 있는 모든 것을 다 했다고 스스로 생각할 때, 당신은 이 수행을 성실하게 시작하는 길에 들어서야 합니다.

당신이 범했던 특정한 죄들이 당신과 하나님 사이에 당신의 의식 속을 언제나 비집고 들어올 때, 혹은 다른 새로운 생각이나 다른 어떤 죄와 관련되는 충동이 들어올 때, 당신은 강렬한 사랑의 충동을 가지고 그런 것을 넘어서 용감하게 나아가고, 또한 그것을 당신의 발로 짓밟아야 합니다. 그리고 나서 그것들을 두꺼운 망각의 구름으로 덮어버리십시오. 마치 그대가 혹은 어떤 사람도 그런 것들을 결코 저지른 적이 없기라도 한 듯이 말입니다. 만약 그런 생각들이 자주 일어난다면, 자주 그것들을 내려놓으십시오.

간단히 말해, 그런 생각들이 일어나는 빈도만큼 그대로 그것들을 내려놓으십시오. 만약 이런 일이 그대에게 매우 힘들게 여겨진다면, 그대는 그런 생각들을 물리칠 수 있도록 어떤 기술들과 수단들, 그리고 미묘한 영적 장치들을 강구해 볼 수 있습니다. 그대는 이 세상의 어떤 사람보다도 하나님께서 보여주시는 증거를 통해서 이런 미묘한 장치들에 대해서 더 잘 배울 수 있습니다.

제32장

관상 수행을 처음 시작하는 사람에게 도움이 되는 두 가지 영적 장치

하지만, 나는 이런 미묘한 장치들에 관하여 생각하는 바를 그대에게 설명하고자 합니다. 그 장치들을 시험해 보십시오. 그리고 당신이 더 잘 할 수 있다면, 그렇게 하십시오.

그런 장치들이 당신과 하나님 사이에 너무나 신속하게 끼어든다는 사실을 알시 못하는 것처럼 행동하기 위해 당신 안에서 할 수 있는 모든 일을 하십시오. 그리고 마치 다른 어떤 것을 찾는 것처럼 그런 장치들 너머를 바라보십시오, 그 다른 어떤 것이 바로 하나님, 즉 무지의 구름으로 온통 둘러 싸여 계신 하나님입니다.

그렇게 할 때, 나는 짧은 시간 안에 당신의 고통이 완화될 것이라고 생각합니다. 나는 이런 장치가 다른 것이 아니라, 하나님을 향한 간절한 갈망이라고 생각합니다. 여기 이 세상에서 가능한 범위 끝까지 하나님을 체험하고 보기 위한 열망 말입니다. 이런 갈망이 아가페적 사랑이며, 이 사랑은 언제나 평화로움을 얻도록 해줍니다.

그대가 원한다면 시험해 볼 수 있는 또 하나의 장치가 있습니다. 그대가 그런 생각들을 결코 내려놓을 수 없다고 느낄 때, 가련한 사람처럼 또는 전투에서 압도당한 겁쟁이처럼 그 생각들 아래 웅크리십시오. 그러고서는 그 생각들에 맞서 더 이상 분투하는 것이 당신에게 시간 낭비라고 여기십시오.

이런 방법으로, 비록 당신이 원수들의 손안에 들어 있어도, 당신은 하나님께 스스로를 넘겨 드리는 것입니다. 마치 당신 자신은 절망적으로 패배한 듯이 느끼면서 말입니다. 바라건대 이런 장치에 특별한 주의를 기울이십시오.

왜냐하면, 당신이 그 장치를 시험해 볼 때, 당신은 마치 물이 되는 것처럼 녹는 자신을 발견하게 되리라고 나는 생각하기 때문입니다. 만약 당신이, 이 장치가 지닌 절묘함까지 제대로 이해한다면, 그 장치는 당신 자신에 대한 참된 지식과 체험에서 비롯된 것입니다. 바로 있는 그대로의 당신 자신, 즉 가련하고 때가 탄, 아무것도 아닌 것보다 더 비참한 자신 말입니다.

이것을 알고 체험하는 것이 겸손입니다. 이런 겸손은 하나님께서 친히 능력 있게 내려오시게 합니다. 그런 하나님은 그대의 원수에 복수하고, 그대를 데리고 오르시며, 그대를 소중히 여기시고 그대의 눈물 젖은 영적 눈을 닦아 주실 능력을 지니고 내려오시는 분입니다. 사나운 멧돼지나 물어뜯는 곰들의 아가리에서 죽음의 위험에 처해 있던 아이를 위해 행동하는 아버지처럼 말입니다.

제33장

관상 수행에서 영혼은 자신의 특정한 죄들과 그로 인한 벌에서 용서함을 받는다. 그렇다 하더라도 이 세상 삶에서 완전한 안식이란 없다

이 시점에서 나는 더 이상 다른 영적 장치들에 대해서 당신에게 말하지 않으렵니다. 만약 당신이 그런 장치들을 시험해 보고 경험하는 은혜를 가진다면, 내가 생각하기에, 당신은 내가 당신을 가르칠 수 있는 것보다 더 잘 나를 가르칠 수 있을 것입니다. 깊이 생각해볼 때, 그런 일이 일어날지라도 내가 그런 경지에 도달하려면 아직 멀었습니다. 그러니 아무쪼록 나를 도와주기를 바라고, 또한 당신 자신을 위해서만 아니라 나를 위해서도 수행해 주길 바랍니다.

그러하니 바라건대, 단호하게 밀고 나아가며 일단 열심으로 수행하십시오. 그대가 영적 장치들을 신속하게 획득하지 못한다고 하더라도 겸손하게 그 고통을 견디십시오. 진정으로 그 고통은 그대가 겪어야 할 연옥입니다.

그러나 그대의 고통이 모두 끝날 때, 또한 하나님께서 그대에게 그런 영적 장치들을 주셔서 은혜를 통해 그 장

치들에서 습관이 생길 때, 그때 내가 확신하기로, 그대는 죄에서뿐만 아니라 죄에 따르는 고통에서도 씻겨지게 될 것입니다.

내가 말하는 것은 원죄의 고통이 아니고 당신 자신이 과거에 저지른 특정한 죄들로 인한 고통입니다. 왜냐하면 원죄의 고통은, 그대가 얼마나 열심히 훈련을 하는가와 상관없이, 그대가 죽어가는 날까지 항상 그대와 함께 있을 것이기 때문입니다. 그렇다고 하더라도 원죄의 고통은 그대 자신의 특정한 죄들로 인한 고통과 비교해 볼 때, 그대를 거의 괴롭히지 않을 것입니다. 그렇기는 하지만, 힘든 훈련은 언제나 그대의 몫이 될 것입니다. 왜냐하면 죄짓는 쪽을 향하는 새로운 충동들이 언제나 이 원죄로부터 솟아오를 것이기 때문입니다. 그러니 그런 충동들을 당신은 항상 세게 내려치고, 또한 '신중한 분별'이라는 예리하고 양날이 달린 경탄할 만한 검으로 잘 베어버려야 합니다.

이런 것으로부터 당신은, 이 세상의 삶에서는 절대적인 안전함이나 진정한 안식이 없다는 것을 이해하고 배울 수 있습니다. 그렇다고 이 때문에 포기해 버려서는 안 되고 혹은 실패할 것에 대해 너무 두려워해서도 안 됩니다. 만약 그대가 자신이 과거에 저지른 특정한 죄들로부터 오는 고통을 내가 설명했던 방식으로(혹은 할 수 있다면 더 좋은 방식으로) 파멸시키는 은혜를 부여받는다면, 아마도 원죄의 고통, 아니면 앞으로 가지게 될 새로운 죄를 향한 충동으로 인한 고통은 전혀 그대를 괴롭힐 수 없으리라고 확신해도 좋습니다.

제 34장

하나님은 죄를 파멸시키는 은혜를, 선행하는 어떤 원인 없이 자유롭게 주신다. 그 은혜는 특정한 수단에 의해서 획득될 수 없다

만약 당신이 내게, 우리가 어떤 수단을 사용하여 관상 수행을 실천하는 지를 묻는다면, 나는 전능하신 하나님께서 크신 은혜와 관대하심으로 직접 당신을 가르쳐 주시기를 간청합니다.

내가 당신을 가르칠 수 없다는 사실을 당신이 깨닫는 것은 온당한 일인 동시에 놀랄 만한 일도 아닙니다. 왜냐하면 그런 것은 하나님 홀로 행하시는 일이기 때문입니다. 그분께서는, 영혼 편에서의 특별한 장점이 없어도, 그 영혼이 하나님 당신을 기쁘시게 하는 것 안에서 특별한 방식으로 그런 일을 초래하십니다. 이러한 하나님의 일하심이 없이는 성인도 천사도 그런 수행을 갈망하는 것조차 희망할 수가 없습니다.

나는, 주님께서 하나님 당신을 크게 비통하게 해드린 적이 없었던 다른 사람들보다 습관적으로 죄를 짓는 사람들에게 더 특별히 더 자주 관상 수행을 이루어내시리라고 믿습니다. 하나님께서는 더없이 자비롭고 전능하신 분으로서 우리에게 드러나길 원하시기 때문에, 그렇게 행하는 것이 하나님의 뜻입니다. 어떤 일이 하나님 당신 자신을 기쁘게 하는 대로, 그분을 기쁘게 하는 곳에서, 또한 그분을 기쁘게 하는 때에 하나님 당신이 일하심을 우리가 깨닫기를 원하십니다.

동시에, 하나님께서는 관상 수행에 대한 역량을 가지지 못한 영혼 안에서는 그런 은혜를 부여하지 않으시고, 그렇게 일하시지도 않습니다. 그런데 그런 은혜를 받을 역량이 없어 은혜가 결여된 사람은 그 누구도 없습니다. 죄가 많은 사람이든 죄를 모르는 사람이든 관계없이 말입니다. 왜냐하면 그런 은혜가 죄가 없기에 주어지는 것이 아니며, 또 죄 때문에 보류되는 것이 아니기 때문입니다. 내가 여기서 "철수하다"라고 말하지 않고 "보류하다"라고 말하고 있음을 주목하십시오. 여기서 그대는 오류에 주의해야 합니다. 우리가 진리에 가까이 가면 갈수록, 우리는 오류에 빠지지 않도록 조심해야 합니다. 내가 뜻하는 의미는 이상과 같은 것입니다. 만약 그대가 내가 말하는 것을 이해할 수 없다면, 하나님께서 오셔서 그대를 가르쳐 주실 때까지 그것을 제쳐놓아 두십시오. 그렇게 함으로써 앙화를 피하십시오.

교만이 생기지 않도록 조심하십시오. 교만은 하나님과 그분의 선물을 모독하는 반면에, 죄인들을 오만해지도록 부추기기 때문입니다. 만약 당신이 진정으로 겸손하다면, 내가 "하나님께서는 상을 받을 만한 어떤 구석이 없어도 자유롭게 은혜를 베푸신다"라고 말하는 바로 그 순간 하나님께서 이렇게 일하심에 대해 느끼는 바가 있을 것입니다.

'하나님께서 일하심'은 이런 것이어서, 은혜가 있기에 영혼은 은혜를 소유할 역량을 지니는 것이며, 은혜를 체험할 역량을 지니는 것입니다. 은혜 없이 어떤 영혼도 그런 역량을 지닐 수 없습니다. 관상 수행에 필요한 역량은 그 수행 자체와 분리될 수 없이 연결되어 있습니다. 그 둘은 분리될 수 없습니다.

따라서, 하나님께서 이런 방식으로 일하심을 체험하는 사람이면 그 누구라도 관상 수행을 할 수 있습니다. 그렇지 않으면 가능하지 않습니다. 이런 까닭에, 하나님께서 일하시지 않으면 영혼은 그야말로 죽어있는 것이며, 관상을 탐내지도 못하고 갈망할 수도 없습니다. 그대가 관상을 행할 의지를 지니고 있고 그것을 갈망하는 만큼, 그대는 일하시는 하나님의 은혜를 더도 아니고 덜도 아니고 바로 그만큼 지니고 있습니다.

그러나 그 은혜가 의지나 갈망은 아닙니다. 다만 그런 은혜는 설명하기에는 무슨 말을 해야 할지 알 수 없는 그 무엇, 당신으로 하여금 알 수 없는 것을 갈망하도록 당신을 움직이는 그 무엇입니다. 당신이, 일하시는 하나님의 은혜에 관해서 더 많이 알 수 없어도 신경 써서는 안됩니다. 그저 수행을 행하면서 점점 더 밀고 나아가십시오. 그리하여 언제나 수행에 종사하도록 하십시오.

보다 더 분명하게 표현하자면, 일하시는 하나님의 은혜가 그대와 함께하면서 그 은혜가 뜻하는 대로 그대를 이끌어 가도록 맡기십시오. 그 은혜가 일하는 주체가 되도록 하고, 그대는 그저 그에 동의해야 합니다. 그 작용을 그저 바라보면서 놓아두십시오. 그 일하심에 끼어들어 마치 당신이 그 작용을 거들기를 바라는 듯이 행동하지 마십시오. 그 일하심을 모두 망쳐버리지 않도록 말입니다.

당신은 목재가 되도록 힘쓰고, 그 일하심이 목수가 되게 하십시오. 혹은 당신은 집이 되도록 하고, 그 일하심이 그 집에 거하는 주인이 되도록 하십시오. 이런 수행 중에 소경이 되어 알고자 하는 모든 열망을 잘라내십시오. 왜냐하면 그런 열망이 그대를 돕기보다는 오히려 그대를 방해할 것이기 때문입니다.

비록 그대가 알지 못할지라도, 어떤 것에 의해서 자신이 사랑 안에서 나아가고 있다고 느낄 수 있는 것으로 그대에게는 충분합니다. 그래서 이런 사랑 안에서, 그대는 하나님보다 못한 모든 것에 대한 생각이 사라지게 됩니다. 또한 그 사랑 안에서 하나님만을 향해 나아가게 됩니다. 이런 것이 이 수행의 길입니다.

그렇다면 그대의 의지와 갈망을 움직이는 존재는 오직 하나님뿐이심을 확고부동하게 믿으십시오. 관상 수행은 하나님 홀로, 전적으로 그분에 의해서, 그분 편에서건 그대의 편에서건 어떤 중재자도 없이 되는 일입니다.

악마를 두려워하지 마십시오. 왜냐하면 악마는 그렇게 가깝게 다가올 수는 없기 때문입니다. 악마는 아무리 영리하더라도 아주 드문 경우를 제외하거나, 아주 간접적인 방법이 아니라면 절대로 사람의 의지를 움직일 수 없습니다. 선한 천사도 또한 중재자가 없이는 사실상 당신의 의지를 움직일 수 없습니다. 요컨대, 하나님을 제외하면 그 어떤 존재도 당신의 의지를 움직일 수 없습니다.

내가 여기서 지금까지 말해 온 것을 그대는 약간만 이해할 수도 있습니다. 그러나 앞으로 경험에 의해서 훨씬 더 분명하게 이해하게 될 것은 이렇습니다. 곧, 이 관상 수행에서 수행자들은 중재자들을 끌어들여서는 안 되고, 또한 수행자들은 중재자들을 통해서 이 수행을 할 수도 없습니다. 모든 선한 중재자들은 관상 수행에 의존하지만, 관상 수행은 어떤 중재자들에게도 의존하지 않습니다. 또한 어떤 중재자가 그대를 이 관상 수행으로 이끌 수도 없습니다.

제35장

관상 수행에 들어선 초심자가 해야 할 세 가지 일: 독서하기, 성찰하기, 기도하기

그럼에도 불구하고[어떤 중재자가 관상 수행을 이끌 수 없음에도 불구하고], 관상 수행 초심자가 주목해야 할 특정한 준비훈련이 있습니다. 즉, 가르침, 묵상, 청원입니다. 아마도 우리는 그 훈련들을 더 잘 이해하기 위해서 위의 세 가지를 독서하기, 성찰하기, 기도하기라고 부를 수 있을 것입니다.

그대는 다른 저자가 쓴 책에서, 이 세 가지에 대해 내가 다룰 수 있는 것보다 훨씬 더 좋은 가르침을 발견할 수도 있을 것입니다. 그러므로 내가 여기서 그 세 가지의 특성들에 대해 반복할 필요는 없습니다.

그러나 관상 수행에서 완덕에 이른 사람들이 아닌, 초심자와 숙달된 사람들을 위하여—이 세상의 삶에서 이런 구분이 있는 한—나는 핵심적인 사항을 짚어보고자 합니다. 즉, 위의 세 가지는 서로 밀접하게 연결되어 있기 때문에 앞서 독서하기, 또는 듣기가 행해지지 않으면 유익한 성찰이 있을 수가 없다는 점입니다(여기서 독서하기와 듣기는 같은 것입니다. 성직자들이 책을 낭독하고 하나님의 말씀을 설교하는 것을 평신도들이 들을 때, 평신도들은 독서하는 성직자를 읽는 것이라고 할 수 있습니다). 또한 앞서 성찰이 없다면 초심자들 혹은 숙달된 사람들은 참되게 기도할 수가 없습니다. 이런 것이 어떻게 입증되는지를 보십시오.

하나님의 말씀은, 글로 써진 것이든 말로 선포된 것이든 거울과도 같습니다. 그대 영혼의 영적인 눈은 그대의 이성이고, 그대의 영적인 얼굴은 그대의 의식입니다. 육신의 눈이, 거울이 없이는 혹은 다른 사람이 말해 주지 않으면, 자신의 얼굴에 더러운 것이 어디에 묻어 있는지를 볼 수가 없는 것과 마찬가지로, 그대의 영적 기능들도 그렇습니다. 영혼이 습관적인 죄로 인해서 영적인 눈이 멀게 될 때, 그 이성적인 능력이 그 자신의 영적 얼굴, 즉 의식에 더러운 것이 묻은 것을 본다는 것은, 하나님의 말씀을 읽거나 들음이 없이는, 불가능합니다.

사람은 물리적 혹은 영적인 거울을 볼 때, 혹은 다른 사람이 알려준 정보를 통해 자신의 얼굴이나 영적인 얼굴에 더러운 것이 어디 묻어 있는지를 알게 될 때, 우물가로 가서 그 더러움을 씻어 지우게 됩니다(그전에는 그렇게 되지가 않습니다). 그 더러움이 특정한 죄라면 우물은 거룩한 교회라고 할 수 있습니다. 물은 죄의 고백[고해성사]으로서 죄의 고백에 동반되는 모든 요소들도 포함됩니다. 만약 그 더러움이 그저 죄를 향한 충동을 가진, 눈에 보이지 않는 근본적인 것이라면, 그 경우 우물은 자비로우신 하나님이며, 물은 기도이자 기도에 동반되는 모든 요소들입니다.

따라서 그대가 알 수 있는 것은, 초심자와 숙달된 사람들은 먼저 읽기나 듣기가 선행되지 않으면 적절하게 성찰할 수가 없고, 또 이전에 성찰이 선행되지 않으면 제대로 기도할 수 없다는 점입니다.

제36장

이 책이 설명하고 있는 관상 수행을 계속하여 정진해 온 사람들이 하는 묵상

한편 이 책이 설명하고 있는 관상 수행에서 계속하여 분투해온 사람들의 경우는 이야기가 다릅니다. 그런 사람들은 묵상을 통해, 이를테면 자기 자신의 비참함 혹은 하나님의 선하심에 대해 갑작스러운 깨달음이나 알 수 없는 느낌에 도달합니다. 그에 앞서 독서를 하거나 혹은 어떤 내용을 듣지도 않고, 그리고 하나님 아래 있는 존재들을 특별히 바라보지도 않고 말입니다. 우리는 이런 갑작스러운 직관과 알 수 없는 느낌들을 사람보다는 하나님으로부터 더 빨리 배울 수 있습니다.

이 때 만약 그대 자신의 사악함이나 하나님의 선하심에 관한 묵상들이―물론 그대 자신이 은혜에 의해서, 영적 충고에 일치하면서, 그런 묵상으로 움직여진다고 느끼는 경우―"죄" 혹은 "하나님" 혹은 그대의 마음에 드는 어떤 비슷한 단어에서 그대가 발견하는 것과 다른 무엇이 아니라고 해도, 그런 것은 전혀 나를 신경 쓰게 만들지 않을 것입니다. 왜냐하면 여기서는 개념들을 고려하는 것이 그대의 신심을 증가시키리라는 희망에서, 그런 단어들을 이성적으로 분석하거나 설명하는 것, 혹은 그 단어들의 다양한 의미들을 나열하는 것이 중요하지 않기 때문입니다. 나는 정말로 이런 것이 중요하다고 생각하지 않으며, 또한 이 관상 수행에서 그런 것이 생기리라고도 생각하지 않습니다. 그런 말들은 그것들이 지니는 총체성에서 받아들여져야 합니다.

그대는 가령 "죄"라는 말을 무엇인가 한정되지 않은 덩어리―사실상 그대 자신 외에 다른 것이 아닌―를 가리키는 것으로 받아들여야 합니다. 이처럼 죄를 분명하지 않은 어떤 엉켜있는 덩어리로서, 곧 그대 자신 외에 다른 무엇이 아닌 것으로 바라보는 것 안에서는, 그대 자신보다 더 부조리한 어떤 것을 제압하고자 수행 중에 찾을 필요가 전혀 없다는 것이 내 생각이랍니다.

그렇다고 하더라도 당신을 바라보는 사람은 누구나 당신의 동작들이 상당히 조화롭다고 볼 것이며, 또한 침착을 잃지 않는 당신에게서 눈에 띄는 어떤 것도 볼 수 없을 것입니다. 그대가 앉아 있든, 걸어 다니든, 누워 있든, 어떤 것에 기대어 있든, 서 있든, 무릎을 꿇고 있든 침착하고 평온해 보이는 것을 보면서 말입니다.

제37장

이 책이 설명하고 있는 대로 계속하여 관상 수행을 하는 사람들의 특별한 기도

이런 은혜 안에서 이 책에 쓰여 있는 대로 계속하여 수행해 온 사람들의 묵상이 선행된 원인이 없어도 일어나는 별안간의 직관인 것과 같이, 그런 사람들의 기도도 마찬가지입니다. 내가 말하는 것은 그들의 개인적 기도이지, 거룩한 교회에 의해 제정된 기도를 뜻하지는 않습니다. 이 수행을 참되게 실천해 온 사람들은 어떤 다른 기도보다도 교회의 기도에 더 경의를 표합니다. 그리고 그런 사람들은 우리보다 앞서 살았던 거룩한 교부들에 의해 정해진 규정에 따라 기도를 행합니다.

그러나 그런 사람들의 개인적 기도는 언제나 직접적으로 하나님을 향하여 솟아오릅니다. 어떤 중재자들도 없이, 또 묵상이 선행되거나 동반되지 않은 채 말입니다. 만약 그들의 기도가 말로 표현된다면—비록 이런 경우는 좀처럼 생기지 않지만—그 말은 아주 적습니다. 사실 [그들의 기도에서] 말이 적으면 적을수록 더 좋습니다. 내가 생각하기에, 한 음절로 된 단순한 말이 두 음절로 된 말보다 더 낫고 또한 성령께서 일하심에도 더 부합합니다. 왜냐하면 관상 수행에서 영적인 수행자는 항상 성령께서 최고의 절대 주권을 차지하는 지점에 머무르기 때문입니다.

자연적 현상을 예로 들어 이 진리를 설명하겠습니다. 어떤 남자나 여자가 갑자기 화재 혹은 죽음에 대한 두려움에 사로잡히게 되거나 그런 비슷한 일을 겪을 때, 그 사람의 영혼은 깊은 곳까지 그런 감정에 엄습당해 비명을 지르고 도움을 간청하게 됩니다. 이럴 때 그 사람은 말을 많이 하지 않을뿐더러 두 음절로 된 한 단어조차 쓰지 않습니다. 왜냐하면 그 사람이 느끼기에, 이런 단어는 자신이 처한 난국과 영혼이 겪고 있는 고통을 터뜨려서 나타내기에는 너무 길기 때문입니다. 따라서 그 사람은 크고 섬짓한 어조로 하나의 소리마디로 된 아주 짧은 말, 가령 "불이야" 또는 "도와 주세요" 같은 말을 사용하여 비명을 지릅니다.

이런 아주 짧은 말이 별안간 방관자들의 귓가를 때리면서 가장 효과적으로 그들을 깜짝 놀라게 하듯이, [기도에서도] 발설되거나 속으로 생각하는 짧은 단어, 혹은 내면 깊은 곳에서(또는 우리는 이것을 영혼의 높은 곳이라고 부를 수도 있습니다. 영적인 영역에서 높이, 깊이, 길이, 폭은 모두 같은 의미입니다) 모호하게 감지되는 것도 마찬가지입니다. 그러므로 이런 말은, 분명치 않은 투로 웅얼거리며 흩어지는 긴 시편의 기도보다 훨씬 더 강력하게 전능하신 하나님의 귀에 울립니다. 이런 까닭에 '짧은 기도가 하늘을 뚫는다'라는 말이 쓰여 있기도 합니다.

제38장

어떻게 그리고 왜 관상가들의 짧은 기도가 하늘에 닿는지에 대해

 어찌하여 그처럼 짧은 한 음절의 기도가 하늘에 닿게 됩니까? 분명 그것은 기도하는 사람이 그 영혼의 높이와 깊이, 길이와 넓이를 다하여 온 마음으로 기도를 바치기 때문입니다. 높이를 다한다는 것은 영혼이 가진 최고의 힘이 동반됨을 뜻하고, 깊이를 다한다는 것은 이 짧은 음절에 그의 영혼의 모든 기능이 담겨 있기에 그렇습니다. 길이를 다한다는 것은 영혼의 힘이—항상 그 순간 있는 그대로 체험될 수 있다면— 가능한 대로 부르짖을 것이기에 그렇습니다. 넓이를 다한다는 것은 영혼이 스스로를 위해 갈망하는 모든 것을 다른 모든 사람들을 위해서도 갈망하기에 그렇습니다.

 성 바울이 가르치듯이, 영원하시고 사랑이 많으시며 전능하시고 모든 걸 아시는 하나님의 길이와 넓이, 높이와 깊이가 무엇인지를 우리의 영혼이 모든 성인들과 함께 이해하는 것은 바로 이런 순간입니다. 물론 그런 이해는 완전하지는 않지만, 이 수행에 적합한 만큼의 정도와 방식 안에서 이해됩니다.

하나님의 영원함은 그분의 길이이며, 하나님의 사랑은 그분의 넓이입니다. 하나님의 능력은 그분의 높이이며, 하나님의 지혜는 그분의 깊이입니다. 우리를 빚으신 하나님의 형상과 모상의 은혜를 통해서 매우 가깝게 일치하는 영혼이 올리는 기도를 하나님께서 즉시 받아주신다는 것은 놀랍지 않습니다. 그렇습니다. 비록 매우 죄 많은 영혼, 말하자면 하나님의 원수인 사람일지라도, 그가 은혜를 통해서 자신의 영혼의 높이와 깊이, 길이와 넓이를 다하여 짧은 음절로 부르짖는 한, 그런 사람이 그토록 열렬하게 부르짖는 소리를 하나님께서는 항상 들으시며 그 사람을 도우실 것입니다.

한 예를 들어 보겠습니다. 만약 당신에게 아주 지독한 원수인 어떤 사람이 엄청난 공포 속에서 자신의 영혼을 다하여 "불이야!" 혹은 "살려줘요!"라는 짧은 말을 외친다면, 당신은 그 부르짖음 안에서 표현되는 고통에 의해 마음이 뒤흔들리고 어지럽게 되어 그 사람의 적의를 생각하지 않고 오히려 그에 대한 진심 어린 연민을 가지게 될 것입니다. 그래서 당신은 한겨울의 밤중이라도 침대에서 나와 불길에서 그 사람을 구출하려고 할 것이며 고통 중에 있는 그 사람에게 안식을 주려 할 것입니다. 오

주님이시여, 사람이 그의 원수를 위하여 그 원수가 드러냈던 적의에도 불구하고, 은혜에 의해서 그런 자비와 연민으로 움직여질 수 있다면, 우리 영혼의 높이와 깊이, 길이와 넓이를 다함에 우리 영혼에서 우러나오고 분출되는 그 영적 부르짖음에 대해 하나님 당신께서 지니실 연민과 자비는 얼마나 더 크겠습니까! 그런 영혼의 높이와 깊이, 길이와 넓이는 우리가 은혜에 의해 갖게 되는 모든 것을 본디 포함합니다. 분명 그렇게 부르짖는 사람은 비교할 수도 없는 하나님의 엄청난 자비를 받게 될 것입니다. 이는, 원래 소유된 것은 은혜에 의해 소유되는 것보다 영원한 것에 더 가깝기 때문입니다.

제39장

기도의 본질: 만약 소리 내어 기도를 한다면, 그 기도는 기도의 본질에 맞아야 한다. 완전한 관상가는 어떻게 기도해야 하는가

따라서 우리는 우리 영혼의 높이와 깊이, 길이와 넓이를 다해서 기도해야 합니다. 그리고 기도 시에 말을 많이 하지 말며 한 음절의 짧은 말로 해야 합니다. 이런 말이란 어떤 것이겠습니까? 그것은 분명 기도의 본질에 가장 부합하는 말입니다. 그게 어떤 말이겠습니까? 우선 기도의 본질이 무엇인가를 살펴보십시오. 그럴 때 우리는 기도의 본질에 가장 잘 부합하는 말이 어떤 것인지를 보다 명확하게 이해할 수 있습니다.

기도는 원래 악을 버리고 선을 얻기 위해서 하나님께 직접적으로 신실하게 접근해 가는 것 외에 다른 것이 아닙니다. 모든 악이란 죄 안에서―그것이 죄의 결과이든 혹은 죄 자체이든―이해되기 때문에, 우리가 악을 없애기 위해 집중적으로 기도하고자 할 때 우리는 다만 "죄"라는 짧은 단어를 사용해야지, 대신 다른 말들을 사용하면서 다른 어떤 것을 말하거나 생각하거나 의미해서는 안 됩니다. 또한 우리가 어떤 선을 획득하기 위해 기도하기를 모든 의향으로 갈망한다면, 우리는 어떤 다른 말이 아닌 오직 "하나님"이라는 단어만을 사용하면서 말로 혹은 생각이나 갈망 안에서 부르짖어야 합니다. 왜냐하면 모든 선은—그것이 선의 결과이든 혹은 선 자체이든—하나님 안에 포함되기 때문입니다.

왜 내가 무엇보다도 이 "하나님"이나 "죄"라는 말을 내세우는지 놀라지 마십시오. 만약 이 두 단어들처럼, 모든 선과 모든 악을 완벽하게 포함하고 있는 더 짧은 어떤 말들을 내가 생각해 낼 수 있다면, 혹은 만약 하나님께서 내게 다른 단어들을 사용하도록 가르쳐주신다면, 나는 그 다른 단어들을 택하고 이 두 단어들을 사용하지 않을 것입니다. 나는 당신에게도 같은 충고를 줄 것입니다.

그러나 말에 대해 생각하려 들지 마십시오. 만약 그대가 그렇게 한다면, 그대는 그대의 목적을 이루지도 못하고 또 이 관상 수행을 해낼 수도 없을 것입니다. 왜냐하면 관상 수행은 생각에 의해서가 아니고 오직 은혜에 의해서 성취되기 때문입니다. 그러므로 기도할 때 하나님께서 그대를 움직이시는 말을 제외하고는 다른 단어들을 취하지 마십시오. 비록 내가 그 두 단어를 예시로 제시하고 있지만 말입니다.

동시에, 만약 하나님께서 그대가 이 두 단어들을 취하도록 마음을 움직이신다면, 그 단어들을 버리지 말 것을 충고합니다. 만약 그대가 다른 방법이 아니고 말들을 통해서 기도해야 한다면 그렇다는 것입니다. 왜냐하면 이 두 단어들이 정말로 짧은 것들이기 때문입니다.

한편, 이 수행에서 비록 짧은 기도가 매우 권장되고 있지만, 기도의 횟수에는 정해진 제한이 없습니다. 왜냐하면 이미 말했듯이, 기도란 그 영혼의 길이를 다해서 행해지기 때문입니다. 우리가 갈망하는 것이 완전하게 성취될 때까지 기도가 끝나서는 안 됩니다. 이것에 관해 하나의 예로 들 수 있는 것은, 우리가 앞에서 언급한 바 있었던 공포에 싸인 사람의 경우입니다. 그들이 "살려줘요" 또는 "불이야"라는 짧은 말로 부르짖기를 그들이 고통에서 구출될 때까지 대개 그치지 않는다는 것을 우리는 압니다.

제40장

관상 수행을 하는 동안에 영혼은 특정한 악덕이나 덕, 혹은 그것들의 본성에 주의를 기울여서는 안 된다

또한 당신은 "죄"라는 단어의 영적인 의미로 자신의 영혼을 채워야 하고, 반면 가벼운 죄이든 무거운 죄이든 어떤 특정한 죄―교만, 성냄, 질투, 탐욕, 게으름, 탐식, 욕정―에 집중해서는 안 됩니다.

관상가에게 어떤 죄인지 혹은 얼마나 큰 죄인지가 무엇이 중요하겠습니까? 관상 수행을 하는 동안 관상가에게는 모든 죄 하나하나가 중요합니다. 아무리 작은 죄도 그를 하나님에게서 분리시키며 내면의 평화를 방해하기 때문입니다.

그러므로 죄를 하나의 덩어리로 여기고, 무슨 죄인지에 대해서는 신경 쓰지 마십시오. 그것은 당신 자신일뿐 다른 무엇이 결코 아닙니다. 언제나 "죄, 죄, 죄", "꺼져버려, 꺼져버려, 꺼져버려"라는 똑같은 외침으로 영적으로 소리치십시오. 이런 영적인 외침은 사람이 가르치는 말로 배우기보다는 경험을 통해 하나님에게서 더 잘 배울 수 있습니다.

관상의 완덕이란 순결한 영혼 안에 있고, 그 상태는 어떤 특정한 생각이나 어떤 발설되는 말도 없는 때입니다. 비록 영혼의 충만함 때문에 그것이 갑자기 말로 분출되어 육신과 영혼이 슬픔과 방해하는 죄로 가득 차게 되는 일이 때로 발생하기도 하지만 말입니다.

"하나님"이라는 짧은 단어로도 동일한 훈련을 하십시오. 하나님이라는 말의 영적인 의미로 그대의 영혼을 채우되, 하나님께서 역사하시는 어떤 일들에 특별하게 집중하여 물리적으로나 영적으로나 더 좋고 최상인 것들에 마음을 쓰지 마십시오.

또한 은혜에 의해 우리의 영혼에 어떤 효과를 가져올 수 있는 특정한 덕에 관심을 기울이지 마십시오. 그런 덕이 겸손이든 아가페적 사랑이든, 인내 혹은 자제이든, 희망이든, 믿음이든 혹은 중용이든, 순결이든 자발적인 가난이든 말입니다.

관상가들에게 이런 모든 덕이 무엇 때문에 중요하겠습니까? 관상가들은 모든 덕을 하나님 안에서 발견하고 체험합니다. 왜냐하면 하나님 안에서 모든 것이 원인으로 또한 실재하는 것으로 존재하기 때문입니다. 만약 관상가들이 하나님을 가지게 된다면, 그때 그들은 모든 선을 가지게 될 것입니다.

제 40 장 • 151

그러므로 관상가들은 자신들의 갈망을 특정한 어떤 것에 두지 않고 오로지 선하신 하나님께만 둡니다. 그대도 은혜에 의해서 그대가 할 수 있는 한 마찬가지로 해야 합니다. 하나님만을, 오직 하나님만을 그대의 목적으로 삼으십시오. 그대의 지력이나 의지가 하나님 외에 다른 어떤 목표를 갖도록 하지 마십시오.

그러나 당신이 이 비참한 삶을 살아가고 있는 한, 당신 존재의 본질과 죄가 합쳐져 서로 엉켜 있기에 당신은 어떤 정도로는 항상 더럽고 악취가 나는 죄의 덩어리를 경험해야 합니다. 따라서 당신은 "죄" 그리고 "하나님"이라는 두 단어 중 하나를 목표로 정해야 합니다. 이때 당신은 어렴풋하게나마, 만약 당신이 하나님을 가지면 당신이 죄없이 될 것이며, 한편 당신이 죄가 없게 되면 당신이 하나님을 가질 수 있으리라고 인식해야 합니다.

제41장

**분별력은 모든 다른 수행들에 적용되지만,
관상 수행은 예외이다**

 만약 당신이 어떻게 분별력을 이 수행에 적용해야 하는지에 대해 내게 추가로 질문한다면, 나는 "전혀 그러지 말라"고 대답하렵니다. 당신의 다른 모든 활동들에서, 가령 먹고 마실 때, 잘 때, 극심한 더위와 추위로부터 당신의 몸을 보호할 때, 기도나 독서, 동료 그리스도인들과의 대화에 시간을 할애할 때 당신은 분별력을 사용해야 합니다. 이 모든 것들에서 당신은 과도함이나 결함을 피하면서 적당함을 지켜야 합니다. 그러나 이 관상 수행에서는 적당함이라는 것이 없습니다. 나는 당신이 살아가는 한 이 수행을 중단하지 말았으면 좋겠습니다.

 내가 말하고자 함은, 그대가 관상 수행에서 동일한 열성을 유지해야 한다는 것이 아닙니다. 왜냐하면 그것은 가능하지가 않기 때문입니다. 때로 아프기도 하고 혹은 육신이나 영혼에 다른 이상이 생기거나 자연스레 다른 많은 필요들이 생기면서, 이런 것들은 그대를 크게 방해하고, 나아가 종종 관상 수행의 높은 단계에서 당신을 밑으로 끌어 내리기도 합니다. 그러나 내가 말하고자 하는 것은, 그대가 항상 관상 수행을 하고 있거나 혹은 그것을 준비하고 있어야 한다는 것입니다. 다시 말해 현실적으로든지 혹은 마음의 지향에서든지 말입니다.

그러므로 하나님에 대한 사랑으로 그대는 가능한 한 병에 걸리지 않도록 주의하십시오. 가능한 한 육체적으로 허약해지지 않도록 하십시오. 내가 말하는 것이 진실이랍니다. 실로 이 수행은 굉장한 평온함, 그리고 영혼뿐 아니라 육신의 차원에서도 완전한 건강을 요구합니다. 따라서 하나님께 대한 사랑으로 당신 자신을 육신과 영혼에서 지혜롭게 다스리고, 가능한 한 건강을 지키십시오.

그러나 만약 병이 그대의 신체적 강인함을 공격하게 된다면, 인내하고 겸손함으로 하나님의 자비를 기다리십시오. 그렇게 하면 모든 것이 괜찮아질 것입니다. 종종 병중에서나 다른 여러 가지 시련들 안에서의 인내는 하나님을 기쁘시게 하는데, 그대가 건강할 때 바칠 수 있는 만족할 만한 어떤 헌신보다도 더 크게 그분을 기쁘시게 한다는 것이 종종 진실임을 나는 말할 수 있습니다.

제42장

관상 수행에서 분별력을 사용하지 않음으로써 우리는 모든 것들 안에서 분별력을 성취하게 된다. 분명히 이런 성취는 다른 방법에서는 가능하지 않은 것이다

이제 아마도 당신은 먹고 자고 등 모든 일에서 어떻게 현명함을 지킬 수 있는지에 대해 물어보고자 할 것입니다. 이에 대한 나의 대답은 아주 간단합니다. 즉, "당신이 할 수 있는 최상의 것을 하면 됩니다." 이 수행을 중단하지 말고, 또 경감시키지도 말면서 행하십시오. 그러면 당신은 기타 다른 모든 행위들을 어디서 시작하고 어디서 끝맺을지에 대해서 큰 분별력을 가지고 알게 될 것입니다.

밤낮으로 이 수행을 경감시키는 일도 없이 인내하며 꾸준히 수행하는 영혼이 외적인 행위들을 하면서 잘못을 저지르는 일은 생각할 수가 없습니다. 반면 그렇게 꾸준히 수행하지 않으면, 내가 보기에는 그런 사람은 오류에서 결코 자유로울 수가 없습니다. 만약 내가 나의 영혼 안에서 행해지는 이 영적인 수행에서 열성과 철야 기도를 통해 집중할 수만 있다면, 나는 먹고 마시며 말하기 등 모든 다른 외적 행동들에 세심한 주의를 기울이지 않게 될 것입니다.

내가 확신하는 것은, 내가 그런 외적 행동들에 대해 분별력을 갖게 되는 것은, 목표를 달성하려는 목적, 즉 이런 경우에 있어서는 적당한 수준에 도달하려는 목적을 지니고서 그런 외적인 행동들에 관해 진지하게 고려를 하는 것보다는 오히려 그것들에 세심하게 주의를 기울이지 않음을 통해서라는 것입니다. 정말로 나는 내가 했던 것이나 말했던 것이 무엇이었건 간에 [그에 대한 진지한 고려를 통해서] 결코 그에 대한 분별력을 얻지 못하곤 했습니다. 다른 사람들은 아마도 다른 견해를 피력할 수도 있을 겁니다. 여하튼 경험이 참된 증인입니다.

그러하니 이 알 수 없는 캄캄한 사랑의 충동을 가지고서 그대의 마음을 들어 올리고, 어떨 때는 "죄"를 또 어떨 때는 "하나님"을 생각하십시오. 그대가 가지기를 원하는 대상이 하나님이고, 그대가 피하고자 하는 대상이 죄입니다. 그대에게는 하나님이 결핍되어 있고, 그대는 정말로 죄를 가지고 있습니다. 선하신 하나님께서 그대를 도우시기를 빕니다. 그대는 이 수행에서 그 도움이 필요합니다!

제43장

관상 수행의 완덕이 이 지상의 삶에서 참으로 체험되기 위해서는 자기 자신의 존재에 대한 모든 의식과 경험을 버려야 한다

하나님 외에는 그 어떤 것도 당신의 지력이나 의지에 영향을 미치는 것을 허락하지 마십시오. 하나님 아래 있는 모든 존재에 대한 지식과 깨달음을 없애버리고, 그 모든 것을 망각의 구름 아래로 깊이 밟아버리도록 애쓰십시오. 이 관상 수행에서 그대는 그대 자신 말고도 모든 다른 피조물들을, 다시 말해 그들의 업적들과 그대 자신의 업적들을 잊어버려야 함을 알아야 합니다.

또한 이 수행에서 당신은 하나님 때문에, 다른 모든 피조물들과 그들의 행위들 뿐만 아니라 당신 자신과 당신 자신의 행위들을 다 잊어버려야 합니다. 왜냐하면 완전한 연인의 길은 그가 사랑하는 대상을 그 자신보다 더 사랑하는 것일 뿐만 아니라, 또한 어떤 의미에서 그가 사랑하는 대상을 위해서 그 자신을 미워해야 하는 것이기 때문입니다.

따라서 당신이 취해야 할 태도는 이렇습니다. 당신의

지력과 의지를 작동시키시는 하나님을 제외한 모든 대상을 혐오스럽고 따분한 것으로 간주해야 합니다. 왜냐하면 그 대상이 무엇이든 그것은 분명히 당신과 하나님 사이에 존재하고 있기 때문입니다.

그러므로 그대가 그대 자신에 대해 곰곰이 생각하는 것도 혐오하고 싫어해야 한다는 것은 이상한 일이 아닙니다. 왜냐하면 그대는 항상 죄를 그대 자신과 하나님 사이에 가로 놓여 있는, 일종의 악취가 진동하는 더러운 어떤 덩어리로서 경험할 수밖에 없을 것이기 때문입니다. 그 덩어리는 바로 그대 자신 외에 다른 것이 아닙니다. 그대에게 죄는 그대 존재의 본질과 엉켜 있는 채 하나인 것으로, 마치 둘 사이에 구분이 전혀 없는 듯이 여겨질 것입니다.

그러므로 당신은 모든 종류의 피조물에 대해 알고 있고 느끼고 있는 것 모두를, 그중에서도 특히 당신 자신에 대한 것을 말살시켜야 합니다. 왜냐하면 모든 다른 피조물들에 대한 지식과 경험은 당신 자신에 대한 지식과 경험에 달려 있기 때문입니다. 자기 자신과 비교할 때 모든 다른 피조물들은 쉽사리 잊혀질 수 있습니다.

만약에 당신이 이 점을 기꺼이 진지하게 시험해 본다면, 당신이 모든 다른 피조물들과 그들의 행위들, 또한 그뿐만 아니라 당신 자신의 행위들까지 모두 망각해 버린 후에, 당신과 하나님 사이에 남게 되는 것은 그저 당신 자신의 존재에 대한 지식과 느낌이라는 것을 발견하게 될 것입니다. 당신이 이 관상 수행에서 완전함을 진실로 경험할 수 있으려면, 당신은 이 지식과 느낌까지 반드시 말살시켜야 합니다.

제44장

영혼이 그 자신의 존재에 대한 모든 인식과 경험을 통제하기 위해 스스로를 어떻게 다듬어야 하는지에 대해

다음으로 그대는 어떻게 그대 자신의 존재에 대한 그저 떠오르는 인식과 경험을 말살시킬 수 있는지에 대해 내게 묻게 될 것입니다. 의심할 바 없이 그것이 일단 말살되면, 모든 다른 장애들도 또한 사라지게 되리라고 당신도 생각할 것입니다. 만약 이것이 당신이 생각하는 것이라면, 분명히 당신은 옳습니다.

당신에 대한 나의 대답은 이렇습니다. 하나님께서 그분 자신의 절대적인 풍요로움으로부터 베풀어 주시는 아주 특별한 은혜 없이는, 또한 그 은혜와 함께 은혜를 받음에 있어서 당신 편에서의 상응하는 수용력이 없이는, 당신 존재에 대한 그저 떠오르는 인식과 경험은 결코 말살될 수 없을 것입니다.

이런 수용력은 강하고 깊은 영적 비애와 다른 것이 아닙니다. 이런 비애와 관련하여 그대는 다음과 같은 특별한 분별력을 지닐 필요가 있습니다. 그대가 이런 비애를 가지는 동안 너무 큰 압박을 그대의 육신과 영혼에 가하지 않도록, 오히려 잠들어 있는 듯이 모든 것이 고단한 채 이 비애 속으로 깊이 가라앉는 것 같은 바로 그런 고요함을 유지하도록 주의해야 할 것입니다. 여기에 진정한 비애, 온전한 비애가 있습니다. 이런 비애로 들어 올 수 있는 사람은 참으로 복됩니다. 모든 사람에게는 비애를 느낄 이유가 있습니다. 그러나 자신이 존재한다는 것을 알고 느끼는 사람은 비애에 대한 특별한 경험을 갖게 됩니다.

이런 비애와 비교할 때, 다른 모든 슬픔들은 일종의 가식인 것처럼 여겨집니다. 분명히, 자신이 무엇인지에 대한 것뿐만 아니라 자신이 존재한다는 것도 깨닫고 경험하는 사람은 진정으로 슬퍼할 수 있습니다. 그러나 이런 비애에 관해서 어떤 경험도 해보지 않은 사람은, 아직 완전한 비애를 겪어 본 적이 없으니 비탄에 들어설 필요가 있습니다. 이런 비애를 확실하게 알고 겪음으로 사람의 영혼은 죄에서뿐만 아니라 그 죄 때문에 그가 치러야 하는 벌에서도 깨끗하게 됩니다. 그리하여 영혼은 그 자신의 존재에 대해 사람이 갖게 되는 모든 인식과 경험을 없애 주는 기쁨을 받을 수 있게 됩니다. 이 비애는 우리가 그것을 제대로 이해한다면 거룩한 갈망으로 가득 차 있는 것입니다.

그렇지 않다면 우리는 이 세상 삶에서 그런 비애를 견디면서 감당할 수가 없습니다. 우리가 이런 수행을 진정으로 실천하면서 얻는 어떤 위로와 함께 어떻게 해서든 스스로를 지탱하지 않는다면, 우리는 우리 자신의 존재에 대한 인식과 경험에서 오는 고통을 감당할 수가 없을 것입니다. 왜냐하면 종종 우리는 깨끗한 영을 통해 하나님께 대한 참된 깨달음과 경험을 이 세상의 삶에서 가능한 범위까지 가지게 되기를 갈망하는 반면에, 우리가 그렇게 할 수 없음을 또한 자주 느끼게 되기 때문입니다. 그 이유는 우리의 인식과 경험이 어떤 의미에서는 우리 자신의 더럽고 악취가 나는 덩어리로 점령되고 가득 차 있음을 항상 발견하기 때문입니다. 만약 우리가 하나님의 완전한 제자가 되고 완덕의 산에서 그분에 의해 가르침을 받고 싶다면 이런 덩어리는 반드시 증오스럽게 여겨지고 멸시당하며 버려져야 하기 때문에, 우리는 비애로 말미암아 거의 제정신이 아니게 됩니다. 그래서 우리는 울고 부르짖으며 자신과 싸우고 자신을 부인하며 자신에 대해 저주를 쌓아 올립니다. 간단히 말하자면, 우리가 짊어지는 자신에 대한 짐이 너무 무겁기 때문에 우리는 우리에게 일어나는 것에는 상관하지 않습니다. 그리하여 하나님을 기쁘시게 하도록 말입니다.

동시에 이 모든 비애 안에서도 우리는 존재하지 않기를 갈망하지 않습니다. 왜냐하면 그런 것은 악마에게서 비롯되는 광기이며 하나님께 대한 멸시일 것이기 때문입니다. 오히려 우리는 존재하는 것에 매우 기뻐하며, 신실하게 자신의 존재라는 고귀한 선물을 두고 하나님께 마음에서 우러나오는 감사를 드립니다. 비록 우리가 쉬지 않고 갈망하는 것은 우리 존재에 대한 인식과 경험이 없어지는 것이지만 말입니다.

모든 영혼은 본질적으로 이런 비애와 갈망을 어떤 식으로든지 지니게 마련이고 경험하지 않을 수가 없습니다. 하나님께서는 당신께서 원하시는 대로 또한 영적인 제자들의 상응하는 역량에 따라 그들의 육신과 영혼의 정도와 성격에 따라 그 제자들을 가르치기 위해서 그런 비애와 갈망을 부여하십니다. 그 제자들이 완전한 아가페적인 사랑 안에서 온전하게 하나님께 연합하기 전까지 이 지상의 삶에서 하나님과의 연합이, 하나님께서 부여해주신다면, 이루어질 수 있는 범위 안에서 말입니다.

제45장

관상 수행 중에 일어날 수 있는 특정한 착각들에 대한 자세한 설명

그대에게 다른 어떤 것에 대해 말하겠습니다. 이 관상 수행 중에는 영적 훈련에 아직 익숙하지 않고 경험이 거의 없는 미숙한 제자가 기만당하기가 매우 쉽습니다. 그 사람이 시작할 때부터 이런 점을 인식하여 미혹되는 상황을 멈출 수 있는 은혜를 가지지 않는다면 그리고 영적 인도에 스스로를 복종시키지 않는다면, 그 수행자의 신체적 힘은 심각할 정도로 손상을 입을 가능성이 있고, 또한 그는 영적 착각의 희생자가 될 수도 있습니다. 이 모든 것은 교만과 육체적 성질[영적이 아닌], 그리고 잘못된 인식에서 기인합니다.

이런 착각은 다음과 같은 식으로 생겨날 수 있습니다. 기도와 신심 수행을 처음 시작하는 젊은 남녀들이 그 비애와 갈망에 관한 내용이 낭독되고 설교되는 것을 들을 때, 즉 어떻게 하나님께 자신의 마음을 들어 올리고 중단 없이 하나님에 대한 사랑을 체험하기를 갈망해야 하는지에 대해 듣게 될 때, 그들은 곧바로 그릇된 판단에서 그 말들을 본래적인 영적인 뜻이 아닌 육적이고 물리적으로 이해를 합니다. 그래서 그들은 어리석게도 몸의 가슴 부위를 들어 올리려고 애를 씁니다. 그들은 자신의 교만과 잘못된 인식 때문에 은혜를 받기에 합당하지 않습니다. 그래서 그들은 무리를 하여 건강을 해치고 육체의 힘을 너무 거칠고 어리석게 사용하여 얼마 못 가서 피곤해지거나, 육신과 영혼이 무기력해집니다. 그런 상태는 그 사람들을 유혹하여 밖으로 나가 육신과 영혼의 휴식을 위해 잘못되고 공허한, 감각적이고 육체적인 외적 안락함을 추구하도록 이끕니다.

만약 그 사람들이 이런 상태에 빠지지 않는다고 하더라도, 그들의 영적인 소경 상태를 통해서, 또한 영적인 수행과는 거리가 먼 채 그런 그릇된 육적인 시간 동안 그들 스스로의 감각을 통해서, 그들의 마음은 비정상적인 열심으로 타오르게 됩니다. 이는 그들이 자신들의 육신을 다루는 방식, 혹은 그 그릇된 수행에서 비롯되는 것입니다. 그렇지 않으면 그들은 망상 속에서 잘못된 열의, 곧 자신들의 영적 원수인 악마의 일을 만들어 냅니다. 이 모든 것들이 그 사람들의 교만, 속됨, 그릇된 인식 작용에서 비롯됩니다.

그럼에도 불구하고 거의 틀림 없이, 그 사람들은 그런

것이 성령의 은혜와 선하심에 의해 일어나고 점화되는 사랑의 불이라고 생각합니다. 이와 같은 착각과 그것에서 파생되는 것들에서 엄청난 해악과 위선, 이설과 오류가 발생합니다. 그 사람들의 감정에서 나오는 착각을 따라 즉각적으로 지식에서의 속임이 오는데, 이는 악마의 가르침에 속하는 것입니다. 참된 경험에서 즉각적으로 하나님의 가르침에 대한 참된 지식이 따라오는 것과도 같은 이치입니다. 하나님께서 자신의 관상가들을 얻으시는 바로 그 순간에 악마도 자신의 관상가들을 얻게 되는 것은 사실입니다. 느낌에서 오는, 또한 느낌에 이어지는 인식에서 오는 기만당함과 착각은 수많은 차이들과 놀랄 만한 변형들로 나타납니다. 속임을 당하는 사람들의 다른 상태와 조건들에 따라서 말입니다. 참되게 경험하고 깨달으면서 건강한 상태에 있는 사람들 안에서도 많은 형태가 있는 것과 마찬가지입니다.

그러나 나는 당신이 관상 수행을 하려고 애쓸 때마다 당신을 공격하리라고 생각하는 것들을 제외하고는 이제 더이상 착각과 망상의 예들을 제시하지 않겠습니다. 유식한 신학자들이 그리고 당신 자신의 삶의 상태와 다른 삶의 상태에 있는 남녀들이 어떻게 그런 착각들을 겪는지를 아는 것이 당신에게 무슨 유익이 되겠습니까? 결코 유익이 되지 않습니다. 바로 그 이유 때문에 나는, 당신이 이 수행을 열심히 하려고 할 때 당신에게 일어날 수 있는 것들 외에 다른 것들에 대해서는 더 이상 말하지 않으려는 것입니다. 내가 당신에게 말하는 것은, 당신이 관상 수행을 할 때 만약 이러한 침범을 받는다면 그런 것들에 대해 당신이 경계할 수 있도록 하기 위함입니다.

제46장

어떻게 이런 착각들에 빠지는 것을 피할 것인가에 대한 주의 깊은 가르침: 관상 수행은 신체적 노력보다는 영적 열의를 필요로 한다

그러므로 자신을 과도하게 혹사하거나 그대 자신의 가슴 부위를 무리하게 하지 않도록 하나님께 대한 사랑으로 이 수행에서 매우 주의를 기울이십시오. 관상 수행은 맹목적인 힘보다는 영적인 기술을 필요로 합니다. 보다 노련하게 수행한다는 것은 겸손하게 영혼을 기울여 훈련함을 의미합니다. 만약 당신이 물리력을 이용하여 억지로 수행을 하면, 그 수행은 그저 육신과 감각들의 차원에서 이뤄지는 수행입니다.

그러므로 주의하십시오. 진실로 만약 누가 이 관상 수행이라는 드높은 산을 육적인 방법으로 가까이 다가가려고 한다면, 그런 사람은 돌로 쫓김을 당할 것입니다. 돌의 성질은 마르고 딱딱한 것이므로 돌에 맞을 때 아프다고 느낍니다. 그런 육체적 분투는 감각적인 느낌에 아주 굳게 결합되어 있고, 그런 노력들은 은혜의 이슬이 결핍되어 있다는 점에서 매우 메말라 있습니다.

그래서 그 육체적 노력들은 어리석은 영혼에 매우 쓰라리게 상처를 입히고 악령에 의해 야기된 착각은 그 상처를 훨씬 심해지게 만듭니다.

그러므로 어떤 짐승들처럼 난폭하게 노력하지 않도록 주의하는 한편, 육신과 영혼 모두에서 참된 열성과 온화하고 평화로운 성향으로 사랑하기를 배우십시오. 또한 예의 바르고 겸손하게 주님의 뜻을 인내로이 기다리며, 그대가 아무리 굶주려 있다고 할지라도 탐욕스럽고 날렵한 개처럼 성급하게 그것을 낚아채지 마십시오.

나는 당신에게 일종의 게임을 하도록 충고합니다. 그리하여 당신 영혼의 엄청나고 활기가 넘치는 움직임들을 품기 위해 가능한 모든 것을 당신이 할 수 있도록 말입니다. 마치 당신이 얼마나 하나님을 보고 소유하고 경험하기를 갈망하는지를 어떻게든 하나님께서 아는 것을 바라지 않는 듯이 행하십시오. 아마도 당신은 이런 것이 다소 어리석고 유치한 말이라고 생각할지도 모릅니다. 그러나 내가 확신하는 것은, 내가 말한 대로 행하고 느껴볼 은혜를 지닌 사람은 누구나 이 게임이, 하나님과 함께 해볼 충분한 가치가 있는 것임을 발견하게 되리라는 것입니다. 아버지가 아이를 안고 키스해주며 함께 놀아주는 것처럼 말입니다.

제47장

관상 수행에서 요구되는 영혼의 깨끗함에 관한 주의 깊은 가르침: 어떻게 영혼이 그 자신의 갈망을 각각 하나님과 사람에게 다른 방식으로 알려야 하는가

내가 마치 정상적인 분별력이 없기라도 한 듯이, 보기에 유치하고 어리석은 방법으로 말한다고 놀라지 마십시오. 내가 이렇게 하는 데는 몇 가지 이유가 있습니다. 나는 하나님께서 나의 특별한 친구들에 관해서 이런 식으로 느끼고 말하도록 지금까지 오랜 시간 동안 인도해 오셨다고 믿습니다. 내가 지금 그대에게 말하고 있는 것처럼 말입니다.

내가 그대 마음의 갈망을 하나님에게 비밀로 하라고 명하는 한 가지 이유는 이렇습니다. 그런 은폐 때문에, 나는 그대가 자신의 갈망을 하나님께 알려드리는 힘이 자신 안에 있다고 생각하는 것보다, 그 갈망이 다른 어떤 방법을 통해 하나님께 분명히 알려지게 되기를 원하기 때문입니다. 그대의 유익을 위해서 또한 그대의 바로 그 갈망의 성취를 위해서 말입니다. 또 다른 이유는, 이런 감추어지는 겉모양을 통해서 그대를 감각에서 오는 느낌이라는 무지의 상태로부터 영적인 느낌의 정결함과 깊이로 데리고 오기를 내가 바라기 때문입니다. 그리하여 마침내 그대가 하나님과 그대 사이에 타오르는 사랑의 영적인 매듭을 영적인 하나됨과 의지의 결합 안에 고정시키는 것을 돕고자 하는 것입니다.

이것과 관련해서 당신도 하나님은 영이시라는 것을 잘 알고 있습니다. 하나님과 하나가 되기를 원하는 사람은 누구나 영의 진리와 깊이 안에서 살아야 합니다. 영적인 것에 대한 모든 육체적 모방에서 멀리 떨어진 채 말입니다. 물론 모든 것이 그것이 감각적인 것이든 영적인 것이든 하나님께 알려져 있고, 그 어떤 것도 그분의 앎에서 감추어질 수는 없다는 것이 사실입니다. 그러나 하나님이 영이시라는 것도 또한 사실이기에, 영의 깊은 곳에 감추어진 것도 모두 그분에게 알려지고 감각에 물든 방식 안에 있는 그 어떤 것보다 더 숨김없이 하나님께 보여집니다.

만물 안의 본래적 질서 안에서 볼 때, 감각적인 것은 영적인 것보다 하나님에게서 더 멀리 있습니다. 이런 이유 때문에, 우리가 영혼과 육신을 다하여 분투할 때 그 상황에서의 우리의 갈망이 어떤 종류의 감각적인 것에 물들어 있는 한 우리의 갈망은 그 때로서는, 영혼의 고요함과 정결함 그리고 그 깊이에서 나오는 더 많은 헌신과 열성으로 우리의 갈망이 이룰 수 있는 것보다 하나님에게서 더 멀어져 있는 것으로 여겨집니다.

이런 것은 당신의 갈망의 움직임을 유치한 방식으로 감추고 하나님에게 비밀로 하라고 내가 당신에게 권한 이유를 당신이 어느 정도 이해하는 데에 도움이 될 것입니다. 그러나 내가 그저 그것을 감추라고 명령하는 것은 아닙니다. 왜냐하면 어떤 방식에 의해서든 가능하지 않을 뿐인 어떤 것을 당신에게 하라고 명하는 것은 어리석은 명령일 것이기 때문입니다. 나는 당신의 갈망을 숨길 수 있는 모든 방법을 취하라고 당신에게 요구합니다. 왜 내가 당신에게 이렇게 명령합니까? 그 이유는 그저 당신이, 갈망을 덜 영적으로 만드는 그리하여 하나님에게서 훨씬 더 멀어지게 만드는 어떤 감각적인 것에 무지하게 물들지 않은 채, 스스로의 갈망을 당신 영혼의 깊은 곳에 자리 잡게 하기를 내가 바라기 때문입니다.

내가 또한 확신하는 것은, 그대의 영혼이 보다 참되게 정련되면 될수록 그대의 영혼이 감각적인 것에 보다 덜 물들게 되고 보다 더 하나님께 가까워지게 된다는 것입니다. 그대의 영혼은 보다 더 잘 하나님을 기쁘게 해드리며 보다 분명하게 하나님께 보여질 것입니다. 하나님께서 어떤 때에 어떤 대상을 다른 때보다 더 분명하게 보신다는 뜻으로 이런 말을 하는 것은 아닙니다. 하나님의 시야는 언제나 불변하는 것입니다. 그러나 어떤 사람이 깨끗한 영혼 안에 거할 때 영이신 하나님께는 그런 상태가 더 마음에 든다는 뜻으로 하는 말입니다.

그대의 갈망을 하나님께 계속 감추기 위해 그대에게 가능한 모든 것을 행하라고 내가 명한 데에는 또 다른 이유가 있습니다. 그대와 나, 그리고 우리 같은 다른 많은 사람들은 영적인 대상을 감각적인 방식으로 상상하는 경향에 많이 쏠려 있습니다. 그래서 만일 내가 그대에게 그대의 마음의 움직임을 하나님께 보여드리라고 이끈다면 아마도 그대는 감각적인 방식으로, 가령 겉모습이나 외치는 소리, 또는 어떤 말이나 다른 어떤 무지한 감각적 노력을 통해 그렇게 하려고 할 것입니다. 그대가 다른 사람에게 그대 마음에 감추어져 있는 것을 내보이고 싶어 할 때 그러하듯이 말입니다. 그런 식으로 한다면 당신의 수행은 순결하지 못하게 될 것입니다. 어떤 것이 사람에게 어떤 방식을 통해 보여진다면, 하나님께는 다른 방식을 통해서입니다.

제 47 장 • 173

제48장

하나님은 우리가 육신과 영혼 모두를 통하여 당신을 섬기기를 바라시고, 또한 우리의 육신과 영혼 모두에 대해 우리에게 보상해 주신다. 기도 시간에 육신의 감각에 영향을 미치는 소리와 감미로움이 선한 것인지 악한 것인지를 우리가 어떻게 알 수 있는가

만약 그대가 어떤 말들로 기도하고 싶어진다거나 혹은 그대 영혼 안에서 일어나는 신심으로 갑자기 사람에게 하듯이 하나님께 말을 건네고 싶어지는 일이 발생하거나, "선하신 예수여, 아름다우신 예수여, 감미로우신 예수여" 등과 같은 좋은 말들을 하고 싶다고 스스로 느낀다면, 그대가 이런 것을 중단해야만 한다고 말하는 것은 아닙니다. 결코 아닙니다! 그대가 내 말을 그렇게 이해하는 일이 절대로 일어나지 않기를 기도합니다. 나의 말은 결코 그런 식의 의미가 아니랍니다.

또한 하나님께서 결합시켜 놓으신 육신과 영혼을 내가 분리시키는 일이 절대 일어나지 않기를 빕니다. 왜냐하면 우리가 우리 육신과 영혼 모두를 다해 하나님을 섬기고 예배하는 것이, 나아가 우리의 육신과 영혼 모두에 대

해 지복 안에서 보상을 베풀어 주시는 것이 하나님의 뜻이기 때문입니다.

그런 보상의 표시로서 하나님께서는 때때로 뜻을 세우시어 이 세상 삶에서 신실한 종들의 육신의 감각이 불타오르게 하시기도 하는데, 하나님 당신께서 기뻐하시는 대로 놀라운 감미로움과 위로를 통해 그저 한두 번이 아니라 아마도 매우 자주 그렇게 하십니다. 위로와 같은 그런 것들은 바깥으로부터 우리의 감각의 창을 통해서 우리 육신으로 들어오는 것이 아니고, 영적인 기쁨 그리고 영혼 안에서 참된 신심의 풍요로움에서 일어나고 솟아오르는 것, 즉 내면에서 나오는 것입니다. 그런 위로와 감미로움을 의심해서는 안 됩니다. 요컨대 이런 체험을 갖는 사람은 그 체험을 의심스럽게 여길 수 없다고 나는 생각합니다.

그러나 그 출처가 어디인지도 모르는 바깥에서 갑자기 위로나 소리, 기쁨과 감미로움이 그대 안으로 들어온다면, 그 모든 것들을 의심하라고 나는 그대에게 당부합니다. 왜냐하면 그런 것들은 선한 것일 수도, 혹은 악한 것일 수도 있기 때문입니다. 선한 것이라면 선한 천사가 만들어 낸 것들이고, 악한 것이라면 악한 천사가 만든 것들입니다. 잘못된 인식 또는 마음과 감각의 과도한 노력에서 일어나는 착각들이 나의 가르침이나 혹은 그대가 얻을 수 있는 더 좋은 가르침에 따라 제거되는 한 그런 것들을 악하다고 할 수는 없습니다. 왜 그렇습니까? 순수한 영혼에 거하는 사랑의 신실한 일어남이라고 할 수 있는 그런 위로가 동기가 되기 때문입니다. 그런 위로는 어떤 중재자 없이 전능하신 하나님에게서 직접 오는 것입니다. 그러므로 그런 위로는 언제나 이 세상의 삶에서 우리에게 생겨날 수 있는 어떤 착각이나 잘못된 견해와는 관련이 없는 것임이 틀림없습니다.

그런 다른 위로나 소리들, 또 감미로움이 선한 것인지 혹은 악한 것인지를 어떻게 구별해야 할지에 대해 그대에게 지금 내가 말하고자 하는 것은 아닙니다. 그 이유는 그것이 필요하다고 생각하지 않기 때문입니다. 내가 그런 것에 관해 말하거나 쓰는 것보다 천 배나 더 낫게 써진 그런 방법을 그대는 다른 곳, 다른 사람의 책에서 발견할 수 있답니다. 거기에서 또한 그대는 이 책에서 내가 정해주고 있는 것들에 대해 찾아볼 수 있습니다. 그런 책은 여기에서 내가 하는 것보다 훨씬 더 나은 방법으로 말해주고 있습니다. 그러나 그 때문에 나는 하고 싶은 말을 참지는 않을 것입니다. 또한 그대가 이전에 그대의 말로써 내게 보여주었고, 또 지금은 행동으로써 보여주고 있는 그대 마음의 갈망과 움직임을 성취하기 위해 그런 것이 나를 지치게 하지도 않을 것입니다.

 자, 이런 것이 당신의 감각의 창을 통해 당신 안으로 들어오는 어떤 소리들이나 감미로움—선한 것일 수도 혹은 악한 것일 수도 있는—에 관해서 내가 말하는 것입니다. 내가 지금까지 언급해 온 온전하고 신실하며 열성적인 사랑의 충동을 따라 끊임없이 수행하십시오. 그러면 당신의 수행 자체가 선하고 악한 것을 구별하는 것에 관하여 당신에게 잘 말해줄 수 있으리라고 나는 의심하지 않습니다. 처음에는 그런 현상들에 익숙하지가 않기 때문에 어떤 방법으로든 어안이 벙벙할지라도, 당신의 수행이 당신에게 해답이 될 것입니다. 그대는 열심히 수행하는 과정을 통하여 마음이 아주 강하게 굳어짐으로써 그런 현상들을 확신할 수 있게 됩니다. 즉, 내적으로 경탄스러운 방법으로 하나님의 영에 의해서, 아니면 외부적으로 분별력을 가진 영적 스승의 권고에 의해서 그대가 그런 현상들의 진정성에 대해 확신이 들 때까지 말입니다.

제49장

완덕의 본질이란 다름 아닌 바로 선한 의지이다. 이 세상 삶에서 우리에게 영향을 미치는 모든 감각적인 소리와 위로, 감미로움이 어떻게 이 완덕에 우연적인〔비본질적인〕 요소가 되는지

그러하니, 나는 그대가 그대 마음속에서 겸손하게 일어나는 사랑의 움직임을 열성적으로 따라가기를 기도합니다. 그것은 이 세상의 삶에서는 그대의 안내자가 되고, 저 세상의 삶에서는 그대를 은혜로 이끌 것입니다. 그것은 모든 선한 삶의 본질이며, 그런 사랑의 움직임이 없이 어떤 선한 행위도 시작되고 마무리될 수 없습니다. 그것은 다름 아닌 하나님을 향한 선한 의지이며, 그분께서 하시는 모든 일에 대하여 그대의 의지 안에서 그대가 경험하는 일종의 만족과 기쁨이기도 합니다.

이런 선한 의지가 모든 완덕의 본질입니다. 감각적이거나 영적인 모든 감미로움과 위로들이 아무리 거룩할지라도 그것과 관계없이 그런 것들은 이런 선한 의지에는 비본질적인 우연적인 것으로서, 선한 의지에 달려 있습니다.

나는 그것들을 선한 의지에 따르는 우연적인 산물이라고 부릅니다. 왜냐하면 그런 것들은 있을 수도 있고 없을 수도 있는데, 그렇다고 선한 의지에 큰 악영향을 끼치지도 않기 때문입니다. 물론 내가 말하고 있는 것은 이 세상의 삶에 관해서입니다. 그 외에 그런 현상은 하늘의 행복 안에 존재합니다. 그런 감미로움과 위로가 경험되는 육신이 영혼과 결합되는 바로 그 순간에 그런 감미로움과 위로들도 분리됨이 없이 그 본질과 결합될 것이기 때문입니다. 이 세상에서 그것들의 본질은 바로 선한 영적 의지입니다. 내가 확신하기에, 이런 선한 의지로부터 완덕을 경험하는 사람에게 있어서는(그런 완덕이 이 세상에서 소유될 수 있는 한에서), 여느 사람들이 이 세상에서 경험할 수 있는 어떤 감미로움이나 위로가 주어지지 않습니다. 하나님의 뜻에 부합하여 그런 사람은 그런 경험이 없이 지내도 마치 그런 경험을 하는 사람처럼 똑같이 즐겁고 기쁩니다.

제50장

순결한 사랑이란 어떤 것인가. 어찌하여 감각적인 위로가 어떤 사람들에게는 좀처럼 주어지지 않는 반면 다른 이들에게는 매우 자주 주어지는가

 그렇다면 그대가 알 수 있는 것은 우리의 의지 안에 온화하게 일어나는 그 사랑의 움직임에 우리의 모든 관심을 집중해야 한다는 것입니다. 감각적이거나 혹은 영적인 모든 다른 감미로움과 위로에 관해서는, 그런 것들이 그 얼마나 기분 좋은 것이고 거룩한 것인지에 상관없이 우리는 그런 것들에 일종의 무심함을 지녀야 합니다(이렇게 말하는 것이 공손하고 품위 있는 일이 아닌 경우가 되지 않는다면). 만약에 그런 것들이 주어지면 기쁘게 받으십시오. 그러나 당신의 연약함으로 인해서 그런 감미로움과 위로에 너무 많이 의존하지 마십시오. 왜냐하면 그런 감미로운 경험과 눈물 속에서 오랫동안 지속함으로써 당신 자신의 힘을 많이 유출시키게 되기 때문입니다.

 당신이 그저 그런 경험들을 위해 하나님을 사랑하는 것으로 움직여질 수도 있습니다. 그런 경험들이 중단될 때 만약 당신이 지나치게 투덜거린다면, 당신은 그런 이치를 알게 될 것입니다. 만일 이런 것을 당신이 겪는다면, 그럴 때 당신의 사랑은 아직 순결하지도 또한 완전하지도 않은 상태입니다. 그런 경험들과 눈물을 통해 육신의 감각들이 섬세해짐으로써 위로를 받아야 한다는 사실에 동의할 수는 있지만, 순결하고 완전한 사랑은 불평하지 않습니다. 순결하고 완전한 사랑은 그런 경험들이 없이 지내도, 그것이 하나님의 뜻이라면 아주 만족스럽습니다.

어떤 사람들은 그런 위로들을 보통 경험하지만, 한편 다른 사람들에게는 그런 감미로움과 위로가 거의 주어지지 않습니다. 그런 것은 전적으로 하나님의 계획과 규정에 달려 있는데, 그분께서는 당신 자신의 피조물들의 저마다 다른 유익과 필요들을 고려하십니다. 어떤 사람들은 영적인 면에서 너무 약하고 섬세하기 때문에 그런 감미로움을 경험함을 통해 어떤 위로를 받지 않으면, 이 세상 삶에서 신체적이고 영적인 적들의 작용에 의해 그들에게 지워지는 다양한 유혹과 고난들을 결코 참고 견딜 수가 없습니다. 또 어떤 사람들은 몸의 건강 상태가 좋지 않아서 그들 자신의 정화를 위한 고행을 감당할 수가 없습니다. 영적인 큰 은혜로 감미로운 위로와 눈물을 통해 그런 사람들을 정화시키는 것이 주님의 뜻입니다.

다른 한편, 어떤 사람들은 영적으로 아주 강해서 그들은 경건하고 겸손하게 일어나는 사랑 그리고 의지들의 결합을 그분께 바치는 데 있어서 내적으로 충분한 위로를 영혼 안에 지니고 있습니다. 그러므로 그런 사람들은 신체적 감각들을 통한 감미로운 위로들을 통해 뒷받침되어야 할 필요가 거의 없습니다.

이 두 유형의 사람들 중 어떤 쪽이 더 거룩하고 하나님께서 기뻐하시는지는 나도 모르고 오직 하나님만이 아십니다.

제51장

영적으로 이해해야 할 것을 물리적으로 해석하지 않도록, 특히 "안에서"와 "위로"라는 말들을 물리적으로 해석하지 않도록 우리는 매우 주의를 기울여야 한다

그러므로 그대의 마음 안에서 알 수 없이 일어나는 이 사랑의 움직임을 겸손하게 따라가십시오. 여기서 내가 말하는 것은 그대의 육신의 가슴이 아니라 그대의 영적인 마음, 곧 그대의 의지를 의미합니다. 영적으로 이해해야 할 것을 물질적으로 이해하지 않도록 많은 주의를 기울이십시오. 일시적으로 머릿속에 들어오는 복잡한 생각과, 공상에 열중하는 사람들에게서 나오는 물질적이고 감각적인 해석들은 많은 오류를 초래합니다. 내가 하는 이 말은 진실이랍니다.

이런 것에 대한 하나의 예를 그대는, 가능한 한 하나님께 그대의 갈망을 감추라고 했던 나의 당부에서 찾을 수 있습니다. 왜냐하면 만약 내가 그대에게 그대의 갈망을 하나님께 보이라고 당부했다면, 아마도 그대는 내가 갈망을 감추라고 명령했을 때 그대가 지금 하는 방식보다 더 물질적인 방식으로 내 말을 해석했을 것이기 때문입니다. 의도적으로 감추어진 것은 무엇이든 그대의 영혼에 깊이 새겨진다는 것을 그대는 잘 알고 있습니다.

그러므로 영적인 의도로 발설된 말들을 해석할 때 우리는 그것들을 본래의 의미대로 영적으로가 아니라 물질적으로 해석하지 않도록 크게 주의를 기울여야 할 필요가 있습니다. 특히 "안에서"와 "위로"라는 단어에 관해서 주의하는 것이 중요합니다. 왜냐하면 이 두 단어들을 잘못 해석하면 영적인 수행을 하기 위해 애쓰는 사람들과 같은 부류에게 많은 오류와 착각을 일으키기 때문입니다. 나는 이것을 부분적으로는 경험상, 또 다르게는 전해 들은 말을 통해 알고 있습니다. 내가 이런 착각들에 대해 간단하게 당신에게 설명하고자 합니다.

세상에서 갓 회심하여 하나님의 양성소에 들어온 젊은 제자는, 고해성사에서 받은 권고에 따라 스스로 고행과 기도에 짧은 기간 동안 전념했기 때문에 그 자신이 이런 영적인 수행을 감당할 수 있다고 생각할 것입니다. 그는 이런 영적 수행에 관해서 설교를 들어보았거나 읽어주는 것을 들었고, 혹은 아마도 그 자신이 읽어보았을 것입니다. 자, 이제 그가 이 영적인 수행에 관해서 글을 읽거나 누가 말하는 것을 들을 때, 특히 어떻게 우리가 자신 안에 있는 모든 지력을 뽑아내야 하는지에 대해, 혹은 어떻게 우리가 우리 자신을 넘어서야 하는지에 대해 읽거나 들을 때, 곧바로 그 사람은 그의 영혼의 무분별과 육적임, 그리고 자연적 감각에 의해 그 내용들을 잘못 이해합니다. 그리고 숨겨진 것을 발견하고자 하는 자연적 갈망이 그의 내면에 있기 때문에, 그는 이 수행을 위해 자신이 이런 은혜로 부르심을 받았다고 결론을 내립니다. 그 제자는 그 결과로 자신의 영적 지도자가 자신의 수행을 기꺼이 인정해주지 않을 경우에, 즉시 그 영적 지도자를 나쁘게 생각하며, 자신과 같은 상태에 있는 다른 사람들에게 아무도 자신의 참뜻을 이해하지 못한다고 말하거나, 그렇다고 스스로 믿게 됩니다.

그는 지적인 교만에 근거한 오만함과 건방짐 때문에 겸손한 기도와 고행을 주저함 없이 너무나 일찍 팽개치는 대신 그가 생각하기에 그의 영혼 안에서 행해지는 진정한 영적 수행을 하려고 애씁니다. 그런 수행은, 제대로 이해한다면, 감각의 훈련도 아니며 영의 훈련도 아닙니다. 한 마디로 그런 수행은 이상한 행위로서 악마가 그것의 설계자입니다.

바로 여기에 육신과 영혼 모두를 죽음으로 이끄는 가장 빠른 길이 있습니다. 왜냐하면 그것은 광기이지 지혜가 아니며 사람을 미치게 만들기 때문입니다. 그러나 그 젊은 제자는 이렇게 생각하지 않습니다. 그가 보기에는 하나님 외에는 아무것도 생각하지 않는다는 것이 그런 수행에서 그 자신의 의도입니다.

제 52 장

어떻게 경험 없는 초심자들이 주제넘게 "안에"라는 단어를 잘못 해석하는지, 그리고 이것에 따라오는 착각들이 어떤 것인지

   내가 위에서 말했던 광기는 다음과 같은 식으로 오게 됩니다. 그들은 감각과 관련되는 외적인 수행을 중단하고 내면적으로 수행을 해야 한다는 말을 읽고 듣습니다. 그런데 그들은 내면적인 작업이 무엇을 뜻하는지에 대해 무지하기 때문에 그릇되게 수행을 합니다. 그들은 육신의 감각을 물리적으로 자신들의 내부로 향하게 하는데, 그런 것은 부자연스러운 것입니다. 그들은 마치 육신의 눈으로 내면을 볼 수 있는 것처럼, 귀를 통해 내적으로 들을 수 있는 것처럼 스스로 안간힘을 씁니다. 그뿐만 아니라 냄새 맡고 맛보고 만지는 모든 감각들에 대해서도 그렇게 하려고 합니다. 그리하여 그들은 자연의 질서를 뒤집어 놓습니다. 그들은 이런 괴상한 행동으로 최소한의 분별력도 없이 자신들의 상상력을 혹사하면서 결국은 머릿속에서 두뇌를 굴립니다.

그 결과 악마는 가짜의 빛이나 소리, 그들이 코로 맡는 가짜의 달콤한 향기, 입으로 맛보는 가짜의 훌륭한 맛, 또한 다른 많은 이상한 열정과 불타오름을 그들 신체의 가슴이나 내장, 등과 신장, 은밀한 부위에 만드는 힘을 가지게 됩니다. 이러한 착각에도 불구하고, 그들은 자기들이 어떤 헛된 생각의 방해도 없이 하나님에 대한 고요한 깨달음을 얻고 있다고 믿습니다. 참으로 어떤 의미에서 그들은 그렇습니다. 왜냐하면 그들은 거짓된 것으로 너무나 가득 차 있기에 부질없는 생각들로 인해 괴롭지가 않기 때문입니다.

왜 그렇습니까? 왜냐하면 만일 그들이 좋은 상태에 있다면 부질없는 생각으로 그들을 괴롭게 만들 동일한 악마가 이러한 일의 주요 설계자이기 때문입니다. 악마는 결코 서두르다 스스로 일을 그르치게 만드는 법이 없음을 그대는 충분히 잘 알고 있을 것입니다. 악마는 그런 사람들에게서 하나님에 대한 인식을 없애버리지 않습니다. 왜냐하면 그렇게 하면 악마가 일하고 있다고 그 사람들이 의심하리라는 두려움 때문입니다.

제 53 장

관상 수행에 아무런 경험이 없는 사람들에게서 다양한 종류로 나타나는 부적절한 외형적 행동

그런 잘못된 수행 혹은 그와 비슷한 종류를 받아들이도록 미혹되는 사람들은 하나님의 참된 제자들이 되는 사람들과 비교할 때 아주 괴상한 행동에 푹 빠져 있습니다. 후자의 사람들은 신체적으로나 영적으로나 자기 자신을 제어하는 방식에서 언제나 매우 점잖습니다. 그러나 전자의 사람들은 그렇지가 않습니다. 그런 이들이 눈을 크게 뜨고 있을 때 그들의 모습과 행동을 보게 되는 사람은 누구든지 그들이 미친 사람들이 하듯이 무언가를 뚫어지게 응시하는 것을, 마치 그들이 악마를 바라보고 있는 듯하다는 것을 알 것입니다. 정말로 그들은 주의해야 합니다. 왜냐하면 악마는 실제로 그리 멀리 있는 것이 아니기 때문입니다.

그들 중 어떤 사람들은 관심을 자신의 머릿속에만 고정시키고 있는데 마치 뇌 질환을 겪고 있는 양이라도 된 듯, 또한 거의 죽음의 문 앞에 있기라도 한 듯합니다. 또 어떤 사람들은 마치 벌레가 귀에 들어가 있기라도 한 듯이, 머리를 한쪽으로 기울인 채 있습니다. 또 다른 이들은 신체적으로 호흡 능력이 없기라도 한 듯 정상적으로 말을 하는 대신에 끽끽거리며 말을 합니다. 거짓 태도를 취하는 사람들이 이렇게 행동하는 경향이 있습니다. 또 어떤 이들은 생각하는 것을 너무나 말하고 싶어 하고 급한 나머지 목구멍에서 까르륵거리는 소리를 내고 식식거리며 말을 합니다. 이런 행동은 이단자들, 그리고 주제넘고 교활하게 오류를 굳세게 고수하는 사람들이 하는 버릇입니다.

누구라도 알 수 있듯이 어수선하고 볼썽사나운 여러 행동들은 그릇된 견해에서 비롯됩니다. 한편 그들 가운데 어떤 사람들은 아주 영리하여 그들이 다른 사람과 있을 때는 대부분 스스로를 통제할 수가 있습니다. 그러나 만약 그대가 그런 사람들이 자기 집에 있는 것을 볼 수 있다면, 내가 확신하건대, 그 사람들은 스스로의 결함들을 감출 수가 없을 것입니다. 그럼에도 불구하고 만약 어떤 사람이 그런 사람들의 의견들에 반박하면, 그들이 어떻게든 반응하는 것을 보게 되리라고 나는 생각합니다. 왜냐하면 그 모든 이상한 행위들에도 불구하고 그들이 확신하는 것은, 자신들이 행하는 모든 것들은 하나님께 대한 사랑에 의해서이고 또한 진리를 수호하기 위해서이기 때문입니다. 내가 생각하기에 그런 사람들은 악마에 완전히 미쳐버릴 때까지 그런 기이한 방식으로 하나님을 사랑하기를 계속할 것입니다. 만약 하나님께서 놀라운 자비를 그들에게 보이시어 그들로 하여금 그런 행동을 멈추도록 해주시지 않는다면 말입니다.

내가 말하고자 하는 것은 내가 여기에 적고 있는 모든 터무니없는 환각들에 감염되어 병을 앓고자 이 세상의 삶에서 그렇게 철저하게 악마의 종이 되는 사람이 있다는 뜻이 아닙니다. 하지만 동시에 누군가 혹은 아마도 많은 이들이 그 온갖 이상한 망상들에 감염되어 있을 법합니다. 내가 말하고자 하는 것은, 내가 언급해 왔던 혹은 하나님께서 내게 허락해 주신다면 앞으로도 내가 언급하게 될 모든 기이한 행위들에서 결백한 철두철미한 위선자나 이단자는 이 세상에 없다는 말입니다.

어떤 사람들은 멋지고도 까다로운 풍습 안에서 취하는 몸의 자세에서 너무나 부담을 받아, 그들이 어떤 것을 들어야 하는 때에는 자신의 머리를 너무나 이상하게 좌우로 위아래로 흔들어댑니다. 그들은 귀로 듣는 것이 아니라 벌어진 입으로 듣고 있기라도 하는 듯이 입을 딱 벌리고 바라봅니다. 다른 어떤 사람들은 말을 할 때 손가락을 사용하여, 자기의 다른 손가락이나 가슴을, 혹은 자기의 말을 듣고 있는 사람들의 가슴을 찌르기도 합니다. 또 어떤 사람들은 가만히 앉아 있거나 서 있거나 누워 있지를 못하고, 발로 치거나 손으로 무언가를 하고 있어야만 합니다. 어떤 사람들은 말을 하는 동안 마치 수영을 하고 있는 듯이 양팔을 젓는 시늉을 합니다. 또 어떤 사람들은 키득거리는 소녀들인 양, 혹은 행동이 없이 농담만 일삼는 사람인 양 모든 말 한마디마다 소리내어 웃거나 미소를 짓기만 합니다.

내가 말하고자 함은 이 모든 보기 흉한 행동들 자체가 큰 죄라거나 그런 행동들을 저지르는 사람들이 큰 죄인이라는 뜻이 아닙니다. 내가 말하고자 하는 것은 이 볼꼴 사납고 지나친 행동들이 그런 행동을 하는 사람을 너무나도 통제하게 되기에 그 사람은 본인이 원할 때조차도 그런 행동들을 멈출 수가 없다는 것입니다. 나는 그런 행동들이 교만, 기이함, 자기과시벽, 지식에 대한 과도한 욕망의 표시라고 봅니다. 특히 그런 행동들은 도덕적 불안정과 정신적 초조를 보여주는 증거이고, 이 책에서 설명되는 관상 수행에 대한 지식이 없다는 것을 나타냅니다.

내가 이 책의 여러 장들에서 이런 착각들에 대해 많이 언급하는 이유는, 이 수행에 착수하는 사람이, 만약 하고자 한다면, 그 자신의 수행을 시험해보기 위해 그런 착각들을 잘 숙고해볼 수 있기 때문입니다.

제54장

관상 수행에 의해서 우리는 자신의 육신과 영혼 모두를 지혜롭고 품위 있게 다스리는 법을 배운다

 누구든지 이런 관상 수행을 거치면서 다듬어진다면, 육신과 영혼 모두에 있어서 참된 고상함을 얻게 될 것이며, 그리하여 그 사람을 지켜보는 모든 남녀들에게 그는 정말로 매력적인 사람이 될 것입니다. 그러므로 아주 비호감의 남자이든 여자이든, 만약 그들이 은혜에 의해 이 관상수행을 할 수 있게 된다면, 갑자기 모습이 굉장히 고상하게 변화하게 되어 그들을 본 모든 선한 사람들은 그들과 함께 있기를 바라고 즐거워하게 될 것입니다. 또한 그 변화된 사람들과 함께하는 다른 사람들은 그들의 존재를 통해 영적인 평화를 찾고 또한 하나님의 은혜 안에서 힘을 받았다는 것을 확신하게 될 것입니다.

 그러므로 하나님의 은혜로 관상수행을 할 수 있는 그대여, 이 선물을 추구하십시오. 진실로 누구든지 이 선물을 소유하는 사람은 수행의 힘에 의해, 자기 자신을 그리고 그에게 속하는 모든 것을 다스리는 법을 잘 알게 될 것입니다. 그는 필요시에 모든 종류의 자연 발생적인 행동과 성향을 적절하게 분별할 수 있게 될 것입니다. 그는 자신과 함께 사는 사람들이 습관적 죄인이든 아니든 그 자신의 편에서 아무런 죄를 짓는 일 없이 함께 사는 모든 사람들에게 스스로 모든 것이 될 수 있는 법을 알게 될 것입니다. 그는 그를 보는 모든 이들에게 경이로움이 될 것이며, 그리하여 은혜의 도움을 통해 다른 사람들을 그 자신이 수행하고 있는 동일한 영의 훈련으로 이끌 것입니다. 그의 모습과 말은 어떤 위선적인 과시나 가식과는 거리가 멀고 또한 어떤 그릇됨도 없이, 진실하고 냉정하게 말해지는 영적 지혜로 가득할 것이며 활기와 풍요로움이 넘칠 것입니다.

그런데 어떤 사람들은 자기들이 말을 할 때 어떻게 스스로를 부풀릴 수 있는지, 그리고 겸손하게 들리는 말과 신심 깊은 몸짓을 통해 모든 면에서 어떻게 스스로를 세울 수 있는지를 안팎으로 전력을 다하여 연구합니다. 그런 사람들의 목표는 다소, 하나님과 천사들 앞에서 거룩해지는 것이라기보다는 사람들 앞에서 거룩하게 여겨지는 것인 듯합니다. 그런 사람들은 하나님과 천상 성인과 천사들 앞에서 자신들이 의도적으로 받아들이고 부주의하게 범한 수많은 쓸데없는 생각들과 추한 죄가 일어나는 것에 대해 마음을 쓰고 슬퍼하기보다는, 사람들 앞에서 자기들이 보인 무질서한 몸짓 혹은 사람들 앞에서 자기들이 말한 부적절하고 변변찮은 말에 더 신경을 쓰고 슬퍼합니다.

오, 주 하나님! 내면에 어떤 교만이 있건 아니건 여하튼, 몹시도 온유하게 들리는 말들이 겉으로 너무나 풍성할 때 내가 진정으로 생각하는 것은, 내면에서 정말로 겸손한 사람들이 겸손하고 적절한 말들과 그 마음 안에 있는 겸손함에 상응하는 외적인 몸짓들을 보이는 것이 적합하고 보기에 아름답다는 것입니다.

내가 말하는 것은, 그런 것이 발화자의 정상적이고 자연스러운 목소리와는 달리 매끄럽지 않거나 처량한 말투로 드러나서는 안 된다는 것입니다. 왜냐하면 만약 하는 말이 진실이라면, 그때 그 말들은 말을 하는 사람들의 가슴으로부터 나오는 진실한 방식 안에서 낭랑한 음색으로 발화될 것이기 때문입니다. 만약 원래 우렁차고 깊이 울리는 음색을 지닌 사람이 빈약하고 새된 목소리로 말을 한다면, 그 사람이 젊은 사람이건 나이든 사람이건 간에 그런 것은 위선의 확실한 표시입니다. 물론 그 사람이 신체적 결함을 가지고 있지 않는 한, 혹은 그 사람의 말하는 방식이 하나님과 그 자신의 관계 또는 그의 고해 신부와 그의 관계와 관련이 있는 경우가 아닌 한 말입니다.

이렇게 유해한 착각들에 대해서 내가 무엇을 더 말해야 하겠습니까? 이 사람들이 자기 내면의 마음속 은밀한 교만과 겉으로 드러내는 겸손한 말들 사이의 연결고리가 되는 그런 애처로운 소리로 말하는 위선을 중단할 수 있는 은혜를 얻지 못한다면 그들의 비참한 영혼은 곧 비애 속으로 가라앉아 버릴 것이라고 나는 진실로 믿습니다.

제55장

분별력 없이 지나친 열정으로써 죄를 정죄한다는 것은 잘못된 것이다

악마는 다음과 같은 방식으로 다른 사람들을 속입니다. 매우 주목할 만한 방식으로 악마는 사람들의 머릿속에 하나님의 법을 수호하는 것과 다른 모든 사람들 안에서 죄를 멸절시키는 것에 대한 생각으로 불을 지릅니다. 악마는 결코 드러내 놓고 악한 어떤 것으로 사람들을 유혹하지 않습니다. 악마는 사람들로 하여금 그리스도인들의 다양한 삶의 상태를 보호하느라 바쁜 고위 성직자처럼, 혹은 수도승들을 보호하는 수도원장처럼 행동하도록 만듭니다. 그래서 그 사람들은 마치 영혼들에 대한 목회적 돌봄의 직무를 가진 사람인 양 다른 모든 사람들의 잘못을 책망합니다. 참으로 그 사람들은 자신들이 하나님 앞에서 감히 달리 행동하지 못한다고 주장합니다. 그래서 그들은 다른 사람들에게서 무슨 허물이든지 볼 때마다 그것들에 관해서 사람들에게 말합니다. 자기들이 아가페적 사랑의 불에 의해, 또한 자기들 마음에 있는 하나님의 사랑의 불에 의해 이것을 하도록 움직여진다고 말하면서 말입니다. 그러나 그 사람들은 거짓말쟁이들입니다. 왜냐하면 그런 행동은 오히려 그들의 머릿속에서 상상에 의해 끓어오르는 지옥의 불에 의한 것이기 때문입니다.

이것이 사실임을 다음과 같은 점들에서 알게 됩니다. 천사가 그렇듯이, 악마는 영이며 그 영적 본성 때문에 육신을 지니지 않습니다. 그러나 동시에 악마 혹은 천사는 하나님의 허락에 의해 이 세상에 사는 어떤 사람을 돌보기 위해 육신의 형상을 취할 때면, 그의 육신은 그가 수행해야 하는 일에 따라 어떤 식으로든 빚어집니다. 이러한 것에 대한 예들을 우리는 성경에서 봅니다. 구약 성경이나 또한 신약 성경에서 천사가 육신의 형상으로 보내어졌을 때마다, 그 천사의 메시지가 어떤 영적 일에 대해서인지는 항상 그 천사의 이름에 의해서나 혹은 그 천사의 육신의 역할이나 특성에 의해 분명하게 드러났습니다. 악마의 경우도 마찬가지입니다. 악마가 육신의 형상으로 나타날 때, 그는 어떤 육신의 특성 안에서 자기 종들의 영적 본성을 보여줍니다.

하나의 예가 모든 다른 것들을 대표해 줄 것입니다. 나는 악령의 도움을 얻는 것을 연구하는 주술학 학생들로부터, 또한 악마가 육신의 형상으로 나타났던 사람들로부터 배웠는데, 악마가 취하는 육신의 형상이 어떤 것이든 상관없이 악마는 항상 오직 하나의 크고 넓은 콧구멍을 가진다고 합니다. 또한 악마는 기꺼이 그 콧구멍을 들어 올려서, 사람이 악마 자신의 콧구멍 위로 두뇌 속을 들여다볼 수 있도록 한다고 합니다. 악마의 두뇌는 지옥의 불과 다른 것이 아닙니다. 악마의 두뇌는 다른 것이 될 수가 없습니다. 악마는 사람으로 하여금 자기 두뇌를 살피도록 만드는 것보다 더 나은 어떤 것을 추구하지 않습니다. 왜냐하면 그것을 봄으로써 사람은 그의 정신을 영원히 잃어버리게 될 것이기 때문입니다. 그러나 주술을 완벽하게 실습하는 사람은 이런 것을 아주 잘 알고 있어서, 그런 식으로 해를 입게 되는 것을 피하기 위해 미리 적절한 조치를 취할 수 있습니다. 악마가 어떤 육신의 형상을 취할 때마다 영적으로 악마의 종들의 정체가 무엇인지를 그 육신의 어떤 특징을 통해 보여 준다고 말해 왔던 것은 바로 이런 이유 때문입니다.

악마는 자신에게 속하는 관상가들의 상상을 지옥의 불로 타오르게 하여, 그 사람들은 갑자기 분별력 없이 자기들이 기발하게 상상한 것을 터뜨리게 됩니다. 또한 그들은 전혀 심사숙고하지 않은 채로 자기 마음대로 다른 사람들의 허물을 책망하기로 즉시 결정해 버립니다. 이는 그런 사람들에게는 영적 콧구멍이 오직 하나뿐이기 때문입니다. 두 콧구멍으로 분리되는 우리의 코는 우리가 영적 분별을 지녀야 하고, 악에서 선을, 악에서 더 악한 것을, 선에서 더 선한 것을 구분할 줄 알아야 함을 나타냅니다. 우리가 듣고 보는 어떤 것, 우리를 둘러싸고 되어지고 말해지는 어떤 것에 대해 고려하면서 판단을 내리기 전에 말입니다. 상상은 우리의 두뇌에 의해서 영적으로 이해됩니다. 왜냐하면 상상은 머리 속에 나름대로의 고유한 위치와 기능을 지니고 있기 때문입니다.

제56장

거룩한 교회의 통상적 가르침과 권고보다 지적인 통찰이나 사변적인 신학자들에게 더 주목하는 것은 정도에서 벗어나는 것이다

 사람들 가운데는 내가 언급해 온 착각에 속임을 당하지는 않았지만, 자기들의 교만, 타고난 지력으로 인한 총명함과 학식으로 인하여 거룩한 교회의 일반적 가르침과 권고를 저버리는 몇몇 사람들이 있습니다. 이런 사람들과 그들의 추종자들은 그들 자신의 견해에 너무 많이 기울어집니다. 그런 사람들은 교회가 가르치는 겸손하고 소박한 경험과 실제적인 삶 안에 있는 적절한 토대를 받아들이지 않았기 때문에, 그들이 영적인 원수에 의해 고안되고 빚어진 잘못된 경험을 지니게 됨은 그들의 운명입니다.

 그래서 마침내 그들은 모든 성인들, 성사들, 거룩한 교회의 법과 규정들을 벗어나고 모독하게 됩니다. 육에 따라 사는, 그리고 거룩한 교회의 법들이 실천하기에는 너무 힘들다고 생각하는, 이 세상에 속한 사람들은 그런 이단자들에게 매우 빠르게 쉽사리 기울어지고 그런 이단자들을 충실하게 지지합니다. 왜냐하면 그런 이설을 내세우는 사람들이 거룩한 교회의 법보다 더 쉬운 길을 통해 그들을 인도하리라고 그들이 그저 믿기 때문입니다.

내가 확고하게 지니고 있는 믿음은, 좁은 길을 통해 천국으로 가기를 바라지 않는 사람은 지옥으로 통하는 편안한 길을 가리라는 것입니다. 우리 모두는 각자 스스로 이 점에 관해서 시험을 해봐야 합니다. 그 모든 이단자들과 그들의 추종자들은 만약 그들이 마지막 심판날에 나타나게 되듯이 분명하게 보여질 수 있다면, 그들 모두는 오류를 주장하는 지금의 공공연한 건방짐과는 아주 다르게, 세상의 크고 무시무시한 죄들과 그들 자신의 더러운 육체에 의해 즉각 부담을 떠맡고 허덕이는 것으로 나타나게 될 것입니다. 그때 그들은 진실로 적 그리스도의 제자들이라 불리게 됩니다. 왜냐하면 겉으로 보이는 그들의 모습에도 불구하고 은밀한 곳에서 그들은 더럽고 음탕한 사람들이라고 말해지기 때문입니다.

제57장

미숙한 제자들은 주제넘게 "위로(up)"라는 단어를 잘못 이해하며 그런 것에서 착각이 뒤따르게 된다

 이제 앞에서 말한 사람들에 관해 더이상 말하기를 그치고, 우리의 주제로 돌아갑시다. 즉, 미숙한 영적 제자들이 주제넘게 "위로(up)"라는 단어를 어떻게 잘못 이해하는가에 관한 주제입니다. 우리가 어떻게 우리의 마음을 하나님께로 들어올려야 하는지에 관한 내용을 그들이 읽거나 남이 읽어주고 말해주는 것을 들을 때, 그들은 마치 달보다 더 높은 곳에 도달하려는 듯이 별들을 올려다봅니다. 또한 마치 하늘에서 천사가 노래하는 것을 들을 수 있는 듯이 귀를 쫑긋 세웁니다. 기이한 상상 안에서 그들은 행성들을 관통하려는 듯하고 혹은 하늘을 들여다보기 위해 창공에 구멍을 내려는 듯합니다. 그들은 이 세상에서 하나님이 그려졌던 어떤 방식보다 훨씬 더 기상천외하게 그들 자신의 공상에 따라 하나님을 만들고 그분에게 화려한 옷을 입히고 그분을 왕좌에 앉힙니다. 그들은 또한 이 세상에서 우리가 듣거나 보았던 어떤 방식보다 훨씬 더 별난 세부 묘사들을 통해 천사들을 육신의 형상으로 만들어내고 각 천사마다 다른 악기를 들게 합니다.

악마는 이런 사람들을 아주 놀랄 만한 방법으로 현혹할 것입니다. 악마는 일종의 이슬 같은 것을 내려보내곤 하는데, 그 사람들은 그것을 천사의 양식이라고 생각하며, 그들에게 그것은 공기로부터 나와 자신들의 입속으로 부드럽고 달콤하게 떨어지는 듯이 보입니다. 그래서 마치 하품을 하는 것처럼 입을 벌린 채 앉아 있는 것이 그 사람들의 습관입니다. 아무리 경건하게 보여도, 그 모든 것들은 정녕 착각입니다. 왜냐하면 이런 경우에 그들의 영혼에는 참된 신심이라고는 조금도 없기 때문입니다. 그 사람들의 마음 안에 있는 것은 커다란 자만심이고 거짓됨입니다. 그런 것의 원인이 바로 그들의 기이한 수행입니다.

매우 자주 악마는 그 사람들의 귀에 이상한 소리를 만들어내고, 그들의 눈에 기이한 빛 같은 것을 보도록 하며, 그들의 코로 놀라운 향기를 맡도록 합니다만, 그 모든 것은 가짜입니다. 그러나 그들은 그렇게 생각하지 않습니다. 그들은 자기들이 성 마틴(Saint Martin)의 모범을 따르고 있다고 믿습니다. 성 마틴은 수행 중에 위를 우러러보다가 계시에 의해서, 하나님께서 천사들 가운데 망토를 입고 계신 모습을 보았습니다. 그들은 또한 자기들이 성 스데반과 다른 많은 성인들의 모범들도 따르고 있다고 믿습니다. 성 스데반은 주님께서 하늘에 서 계시는 것을 보았습니다. 제자들이 모여있는 가운데 하늘로 몸째 올라가셨던 그리스도의 모범까지 그들은 자기들이 따르고 있다고 믿습니다. 그래서 그들은 우리가 시선을 위로 돌려야 한다고 말합니다. 우리가 영적으로 매우 감동을 받는 경우라면 우리의 외형적 행동에서도 우리가 눈과 손을 위로 들어 올린다는 것에 나도 분명히 동의합니다.

그러나 우리가 하는 영적인 수행에서 우리는, 어떤 이가 육체적 수행을 행하듯이, 우리 자신을 위로나 아래로, 혹은 이쪽으로든 저쪽으로든, 혹은 앞뒤로 향하게 해서는 안 됩니다. 왜냐하면 우리의 수행은 영적인 수행이지 육체적인 수행이 아니며, 또한 육체적인 방법으로 행해질 수 없는 것이기 때문입니다.

제58장

우리가 기도할 때, 성 마틴과 성 스데반을 물리적으로 위를 향하는 상상을 힘껏 작용시키는 본보기로서 삼아서는 안 된다

사람들이 성 마틴과 성 스데반에 관해서 말하는 것, 즉 그 두 성인들이 그런 사건을 실제 눈으로 보았다는 것은 사실이지만, 그런 것들은 기적에 의해서, 다시 말해 영적인 것에 대한 인증으로 그 성인들에게 보여졌습니다. 마치 그리스도께서 추위를 피하기 위해 성 마틴의 외투가 필요하셨던 듯이 성 마틴의 외투가 실제로 그리스도의 어깨에 걸쳐진 것이 결코 아니라는 것을, 다만 기적에 의해 그런 모습으로 보여진 것임을 사람들은 잘 알고 있습니다. 그것은 우리 모두를 구원으로 이끌기 위해서였습니다. 왜냐하면 우리는 영 안에서 그리스도의 육신과 하나로 만들어지기 때문입니다.

헐벗은 사람에게 옷을 입혀주는 사람들, 혹은 하나님께 대한 사랑으로 궁핍한 사람에게 물질적이든 영적이든 선행을 행하는 사람들은 자신들이 그리스도를 위하여 그 선행을 영적으로 행하는 것이라고 아마도 확신할 것입니

다. 그리고 그들은 마치 그들이 실제로 그리스도에게 그 선행을 베풀기라도 했던 것처럼 온전하게 보상을 받게 될 것입니다. 그리스도 바로 그분께서 이것을 복음서에서 말씀하고 계십니다. 그러나 그분은 이 말씀만으로 충분치 않으셨습니다. 그리스도께서는 기적을 베푸심으로써 그 말씀을 입증해야 한다고 느끼셨습니다. 그리스도께서 성 마틴에게 해주셨던 것처럼 당신 자신을 계시하셨던 것은 바로 이런 이유 때문입니다.

여기 이 세상 삶에서 어떤 이에게 구체적인 형상으로 표현되었던 모든 계시들에는 영적인 의미가 있습니다. 만약 계시를 받았던 사람들이, 그리고 유익을 위해 계시들이 주어졌던 우리가 충분히 영적이었다면, 그래서 그 계시들의 영적인 의미들을 이해할 수 있었다면, 내가 생각하기에 그 계시들은 결코 구체적인 형상으로 표현되지 않았을 것입니다. 그러므로 딱딱한 껍질을 벗겨내고 달콤한 알맹이를 먹으며 살아가도록 합시다.

어떻게 우리가 그렇게 할 수 있겠습니까? 이단자들이 행동하듯이 하면 안 됩니다. 우리는 이단자들을 아름다운 컵으로 음료를 마신 후 벽에 그 컵을 던져 깨뜨리는 풍습을 가지고 있는 야만인들에 비유할 수 있습니다. 우리가 품위 있는 방식으로 행동하고자 한다면, 그런 사람들을 본떠서는 안 됩니다. 우리는 과일 열매를 먹은 후에 그 나무를 경멸해서는 안 되고, 컵의 음료를 마신 후 그 컵을 깨뜨려서는 안 됩니다. 나무와 컵을 통해 우리는 가시적인 기적들을 이해할 수 있습니다. 적절하고 구체적인 표시가 되는 모든 것들은 영의 일과 부합하며 그 일을 방해하지 않습니다. 열매와 음료를 통해서는, 그 가시적인 기적들과 우리의 손과 눈을 하늘을 향해 들어 올리는 것과 같은 적절한 몸짓들이 내포하는 영적 의미를 이해할 수 있습니다. 영이 우리를 몹시 감동시키는 까닭에 우리가 그런 몸짓들을 취한다면, 그럴 때 그런 행동들은 아주 좋은 것입니다. 그러나 그런 경우가 아니라면 그 행동들은 위선이고 거짓됨입니다. 그런 몸짓들이 참되고 그것들 안에 영적인 열매를 담고 있다면, 그런 몸짓들이 경멸되어야 할 아무런 이유가 없습니다. 인간이 컵에 입을 맞추는 이유는 그 컵 안에 담긴 와인 때문입니다.

  주님께서 몸째 승천하셨을 때 어머니와 제자들이 보는 데서 구름 속으로 올라가셨다고 한들 그것이 어떠하다는 말입니까? 그래서 우리의 영적 수행에서도, 천상에서 육신으로 앉아 계신 주님을, 아니면 성 스데반이 보았듯이 천상에서 서 계신 주님을 우리가 볼 수 있는지 없는지를 보려고 우리가 육의 눈으로 계속해서 위를 향하여 응시해야 하겠습니까? 그렇지 않습니다. 주님께서 성 스데반에게 천상에서 육신을 지니신 그분 자신을 계시해 주셨던 것은, 우리의 영적 수행에서 우리가 육신의 눈으로 하늘을 올려다보며 스데반 성인이 했듯이, 서 있거나, 앉아 있거나, 누워 있는 주님을 볼 수 있도록 하기 위해서 모범을 우리에게 남기고자 하신 것이 아니었습니다. 주님의 육신이 천상에서 어떻게 있는지, 서 있는지, 앉아 있는지, 누워 있는지를 그 누구도 알지 못합니다. 그런 것을 아는 것은 필요하지도 않습니다. 주님의 육신이 그분의 영혼과 함께, 조금도 분리되지 않은 채, 하늘로 들어 올려졌다는 것을 제외하고는 다른 것을 알 필요가 없습니다. 주님의 인성인 육신과 영혼은 그분의 신성과 조금도 분리됨이 없이 하나가 되셨습니다. 그분께서 앉아 있는지, 서 있는지, 누워 있는지, 우리는 전혀 알 필요가 없습니다.

오직 우리가 알아야 하는 것은, 주님께서는 당신께서 좋으신 대로 천상에 계시며 그분께 가장 적절한 형태로서의 육적인 현존으로 거하고 계시다는 점입니다. 만약 주님께서 이 세상에 있는 어떤 피조물에게 계시를 통해, 누워 있거나, 서 있거나, 앉아 있는 육신의 형태로 스스로를 보여 주신다면, 그것은 어떤 영적인 의미가 있기 때문이지 천상에서 당신 자신이 취하는 몸의 자세를 알리기 위함이 아닙니다.

예를 들어 봅시다. 서 있다는 말을 들을 때, 도울 준비가 되어 있다는 사실을 헤아릴 수 있습니다. 그래서 전투 시기에 한 친구는 다른 친구에게 이렇게 말하곤 합니다. "사나이로서 잘 행동하게. 치열하게 싸우고, 너무 쉽게 전투에서 물러서지 말게나. 내가 자네 곁에 서 있으면서 지키겠네." 여기서 뜻하는 것은 그저 육신으로 옆에 서 있는 것이 아닙니다. 왜냐하면 아마도 이 전투는 걸으면서 싸우는 게 아니고 말을 타고 전투를 하는 것이고, 또한 아마도 이 전투는 서 있으면서 싸우는 게 아니고 달리면서 싸우기 때문입니다. 그 친구가 자신이 자기 친구 옆에 서 있겠다고 말할 때 뜻하는 것은 그가 친구를 돕기 위해 가까이에 있겠다는 것입니다.

스데반 성인이 순교를 겪고 있었을 때, 주님께서 천상에서 육신의 모습으로 있는 당신 자신을 스데반 성인에게 보여주었던 이유가 바로 이런 것이었습니다. 우리가 하늘을 올려다보아야 한다는 모범을 우리에게 주기 위함이 아니었습니다. 하나님께 대한 사랑 때문에 박해를 겪는 모든 사람들의 대표가 되는 스데반 성인에게 주님께서는 마치 이렇게 말하고 있었던 듯합니다.

"보아라, 스데반아. 천국으로 불리는 이 눈에 보이는 창공을 열어 나는 네가 거기에 서 있는 나를 보도록 하고 있다. 그리하여 내가 나의 신성의 능력에 의해 영적으로 네 곁에 진실로 서 있음을, 그리고 너를 돕기 위해 내가 가까이 있음을 너는 굳건하게 신뢰해야 한다. 믿음 안에 용감하게 서서 이런 단단한 돌들을 통해 가해지는 가혹한 난타를 굳세게 견디어라. 나는 지극한 복락 안에서 너에게 상급으로 면류관을 씌울 것이다. 네게만이 아니라, 나를 위하여 어떤 식으로든 박해를 겪는 모든 사람들에게 그렇게 할 것이다."

그러므로 그대는 그런 구체적인 계시들의 목적이 그 계시들이 담는 영적인 의미를 위함이라는 걸 알 수 있습니다.

제59장

그리스도께서 육신의 몸으로 승천하셨음을, 우리가 기도할 때 감각적인 상상으로 위를 향하려고 애를 쓰는 본보기로서 간주해서는 안 된다. 이 영적인 수행을 하는 동안 우리는 시간, 장소, 육신을 완전히 잊어버려야 한다

만약 당신이 주님의 승천에 관해서, "주님의 승천이 육체적으로 일어났고, 주님은 참된 하나님이시며 참된 인간으로 승천하셨다. 그것이 의도하는 것은 영적인 것일 뿐만 아니라 육신적이기도 하다"라고 말한다면, 나는 이렇게 대답하렵니다. 우리도 또한 마지막 날에 그렇게 될 것이기에, 주님께서는 돌아가셨다가 불멸의 옷을 입으셨습니다. 그때가 되면 우리의 육신과 영혼은 모두 매우 신비스럽게 되어 우리가 원하는 대로 어디든지 육신으로 움직일 수 있을 것입니다. 지금 우리가 우리의 사고 안에서 영적으로, 위로든 아래로든, 이쪽이든 저쪽이든, 앞이든 뒤이든 재빠르게 움직일 수 있는 것처럼 말입니다. 또한 신학자들이 말하듯이, 그때에는 우리가 하는 모든 움직임이 동일하게 선한 것이 되리라고 나는 생각합니다. 그러나 지금은 우리가 육신으로 하늘에 올라갈 수 없고

다만 영적으로만 그렇게 할 수 있습니다. 그런 움직임은 매우 영적이기 때문에 몸의 움직임과는 아무런 관계가 없으니, 우리가 몸으로 위로나 아래로, 이쪽으로나 저쪽으로, 앞이나 뒤로 움직일 수 없습니다.

영적인 수행, 특히 이 책에서 기술하는 수행에 전념하는 모든 사람들은, "들어 올리다"나 "안으로 들어가다"와 같은 단어들을 읽을 때라도, 또한 이 책에서 설명하는 수행이 "움직임"으로 불리더라도, 그 움직임이 육신이 위로 움직인다거나 몸 안으로 들어가는 것이 아님을, 또한 그 움직임이 한 장소에서 다른 장소로의 공간 이동이 아님을 주의 깊게 인지해야 합니다. 또한 이 수행이 때로는 휴식으로 불리더라도, 꼼짝도 안 하고 한 장소에 머물러 있는 것과 같은 상태로 그것을 생각해서는 안 됩니다. 이 수행에서 오는 완덕은 본질적으로 매우 고결하고 영적이어서, 그것이 제대로 참되게 이해될 때 우리는 이 수행이 어떤 [육체적] 움직임이나 장소와는 아무런 관계가 없다는 것을 알게 될 것입니다.

이 수행은 공간적 움직임이라기보다는 갑작스러운 변화로 불리는 것이 합당합니다. 시간, 장소, 육신으로 말하자면, 이 세 가지 모두는 모든 영적 수행에서 잊혀져야 합니다. 그러므로 이 수행에서 그리스도의 육신의 승

제 59 장 • 213

천을, 그대가 기도할 때 마치 그대가 달보다 높이 오르기를 바라기라도 하는 것처럼 육체적으로 상상을 작용시키기 위한 본보기로 삼지 않도록 주의하십시오. 왜냐하면 그런 것은 영적으로 결코 가능하지 않기 때문입니다. 그리스도께서 하셨듯이, 그대가 육신으로 하늘로 올라갈 수 있어야만 그대가 그 일을 본보기로 삼을 수 있는 것입니다. 그러나 하나님이 아니라면 그 누구도 그렇게 할 수 없습니다. 하나님 당신께서 다음과 같이 말씀하실 때 그것을 증언하십니다. "하늘에서 내려온 자 곧 인자 외에는 하늘에 올라간 자가 없느니라"(요 3:13). 가능하지는 않지만 설사 그것이 가능하다고 할지라도, 그것은 오직 풍성한 성령의 역사하심 때문일 것입니다. 즉, 위로나 안으로, 이쪽으로나 저쪽으로 몸을 뻗치거나 상상 안에서 그렇게 작용시키는 것과는 아무런 관련이 없고 그저 성령의 능력을 통해서라는 말입니다. 그러니 그러한 망상은 끊어 버리십시오. 이 수행은 결코 그런 것이 될 수 없습니다.

제 60장

천국으로 가는 가장 확실하고 빠른 길은 "야드(yard)"로 재는 것이 아니라 갈망으로 측정된다

 아마도 당신은 어떻게 그것이 맞는 말일 수 있는지를 묻고자 할 것입니다. 당신이 보기에 천국이 저 위에 있음은 확실한 증거를 지니고 있을 것입니다. 왜냐하면 그리스도께서 육신을 지니신 채로 승천하셨고 또한 약속하신 대로 성령을 보내셨는데 그 성령이 모든 제자들이 보는 데서 위로부터 눈에 보이는 형태로 내려왔기 때문입니다. 이것이 우리의 믿음입니다. 따라서 당신이 이런 분명한 증거를 가지고 있기에, 당신은 기도를 하는 동안 왜 정신이 육신적 상승을 지향해서는 안 되는지를 알지 못합니다.

 이것에 관해서 나는 가능하면 약하게 이렇게 대답하렵니다. 그리스도께서 몸째 승천하셨고 이어서 성령을 구체적인 형태로 보내셨으니, 그 후로는 '아래를 향하여', '아래로부터', '뒤로부터', '앞에서', '이쪽에서나 저쪽에서'보다는 '위를 향하여' 그리고 '위로부터'라는 것이 더 적절하였습니다. 그러나 적합한 것이 무엇인지를 제쳐놓고, 가야 할 거리의 관점에서, '아래를 향하여'보다는 '위를 향하여' 간다는 것이 그리스도께는 필요하지 않았습니다. 왜냐하면 천국은 영적으로 위에서만큼이나 아래에서도 가까이 있고, 아래만큼이나 위에서도, 앞에서만큼이나 뒤에서도, 뒤에서만큼이나 앞에서도, 저쪽에서만큼이나 이쪽에서도 가까이 있기 때문입니다.

그렇기 때문에 천국에 있고자 하는 참된 갈망을 가진 사람이면 누구나 바로 그 순간에 영적으로 천국에 있습니다. 진정 그곳으로 가는 가장 확실하고 짧은 길은 길이가 아니라 갈망에 의해서 측정됩니다. 그리하여 성 바울도 자기 자신과 다른 많은 이들에 관해서 이렇게 말하고 있습니다. "비록 우리의 육신은 지금 이 땅에 있어도, 그럼에도 불구하고 우리가 살아가는 삶은 천국에 있습니다."〔빌 3:20 참조〕 여기서 바울이 말하고자 하는 것은 우리의 사랑이며 우리의 갈망이고, 바로 이런 것이 영적으로 우리의 생명이라는 것입니다. 참으로 영혼은 영혼이 사모하는 어느 곳에서나 존재합니다. 영혼에 의해 살아가는 육신 안에서, 영혼이 생명을 주는 육신을 위하여 진실로 그러하듯이 말입니다. 그러므로 우리가 영 안에서 천국으로 가기를 원한다면, 우리는 우리의 정신을 위로든 아래로든, 혹은 이쪽으로든 저쪽으로든 가게 하려고 애를 쓸 필요가 없습니다.

제61장

육적인 모든 것은 영적인 것의 지배를 받는다. 육적인 것이 영적인 것의 지도에 따르는 것이 자연의 질서이며, 영적인 것이 육적인 것을 뒤따르지 않는다

그럼에도 불구하고 우리는 모든 행성들이 자리하고 있는 저 위의 물리적인 하늘에 대하여 우리 몸의 눈과 손을 들어 올릴 필요가 있습니다. 물론 내가 말하는 것은, 우리 영의 작용에 의해 마음이 움직일 때 그렇다는 뜻입니다. 그렇지 않다면 그럴 필요가 없습니다. 왜냐하면 모든 육적인 것은 영적인 것의 지배를 받으면서 다스려지고, 그 반대는 아니기 때문입니다.

주님의 승천은 우리에게 이런 것에 대한 본보기가 됩니다. 주님께서는 당신의 인성 안에서 육신을 지니신 채로 하늘의 아버지께 가야 할, 그 정해진 시간이 오자(그분의 인성은 그분의 신성에서 결코 분리되지 않았고 그럴 수도 없습니다), 그때 육신을 지닌 그분의 인성은 하나님의 영의 능력을 통해서 힘있게 위격의 통합 안에서 위로 올라가셨습니다. 이러한 주님께서 가시적인 모습을 통해 위로 오르심은 매우 적절하고 알맞은 일이었습니다.

영에 육신이 따라가는 그 동일한 이치가 어떤 의미에서, 관상 수행을 하고 있는 사람들의 경험에 의해서 이 책이 설명하고 있는 영적 수행 안에서 잘 이해될 수 있습니다. 영혼이 이 수행을 위하여 효과적으로 스스로를 준비할 때면, 이 수행을 실천하는 사람의 편에서 보면 그의 육신이 그가 수행을 시작하기 전에는 아마도 보다 편안하기 위해 다소 이쪽이나 저쪽으로 구부러져 있었는데, 그 영의 힘에 의해서 곧바로 불현듯이 알아차릴 수 없게 똑바로 됩니다. 그래서 그의 육신은 영이 하는 일을 본뜨고 따르게 되는데, 이러한 일들은 영적으로 일어나며 매우 합당한 것입니다.

하나님께서 지으신 육신을 가진 피조물들 중 가장 점잖은 사람이 다른 동물들처럼 아래로 땅을 향하여 몸을 구부리지 않고 똑바로 하늘을 향하도록 만들어진 것은 바로 그러한 품위 때문입니다. 그것은 영적으로 똑바르고 구부러지지 않아야 하는 영혼의 영적인 일을 그 사람이 육신의 형상을 입고 드러내야 하기 때문입니다. 내가 여기서 육체적으로가 아닌, 영적으로 똑바른 상태를 말하고 있음을 주목하십시오.

본질적으로 육체적 속성을 전혀 가지고 있지 않은 영혼이 어떻게 육체적으로 똑바로 서고자 안간힘을 쓸 수 있습니까? 그렇게 될 수는 없습니다. 그러므로 영적으로 의도된 것을 육체적으로 해석하지 않도록 주의하십시오. 비록 "위로"나 "아래로", "안에"나 "밖으로", "뒤에"나 "앞에", "이쪽에서"나 "저쪽에서"와 같은 단어를 통해 육신적인 비유를 사용하여 표현하더라도 말입니다. 왜냐하면 어떤 것이 아무리 그 자체로 영적이라고 할지라도, 그것에 관해 우리가 말하게 될 때는 몸의 수단이 되는 언어를 통해 이루어지는 물리적인 행위가 말하기 때문에, 몸적인 비유가 사용된다는 것은 필연적입니다. 그렇다고 해서 위와 같은 표현들이 육체적으로 해석되고 이해되어야 합니까? 아닙니다. 영적으로 이해되어야 합니다.

제62장

어떻게 우리는 다음의 경우를 분별할 수 있는가: 우리의 영적인 행위가 우리 자신 아래 있거나 밖에 있는 것과 관련되는 경우인지, 우리 내부에 있고 또 우리 자신에 동등한 것과 관련되는 경우인지, 혹은 우리 위에 있고 하나님 아래 있는 것과 관련되는 경우인지

  따라서 그대는 문자 그대로 볼 때는 물질적인 의미를 지니는 말들을 영적으로 이해하는 법을 알아야 합니다. 그 목적을 위해 이제 나는 영적인 행위와 관련되는 어떤 말들의 영적인 의미에 대해 그대에게 설명하고자 합니다. 그러면 그대는 언제 그대의 영적인 행위가 그대 아래 있는 것이나 그대 바깥에 있는 것과 관련되는 경우인지, 언제 그대의 영적인 행위가 그대 안에 있는 것과 그대 자신에 동등한 것과 관련되는 경우인지, 혹은 언제 그대의 영적인 행위가 그대 위에 있고 하나님 아래 있는 것과 관련되는 경우인지를 분명하고 틀림없이 알게 될 것입니다.
  모든 종류의 물질적인 것은 그대 바깥에 있으며 본성상 그대 자신 아래 있습니다. 실로 태양과 달 그리고 모

든 별들이 비록 그대 자신의 몸체보다 위에 있지만, 그럼에도 불구하고 그것들은 그대 영혼보다 아래 있습니다.

모든 천사들과 성인들이 은혜에 의해서 어떻게 변화되는지, 그리고 모든 덕으로 어떻게 꾸며지고 그래서 어떻게 깨끗함에서 그대보다 위에 있는지에 관계없이, 그 천사들과 성인들은 본디 그대와 동등할 따름입니다.

당신 자신 안에는 당신 영혼의 선천적인 능력들이 있습니다. 영혼의 능력들에서 세 주요부는 정신(mind), 이성(reason), 의지(will)입니다. 둘째로 중요한 것은 상상력(imagination)과 감성(sensuality)입니다.

본성상 당신 자신보다 위에 있는 존재는 하나님 외에는 없습니다.

어디에서건 당신이 영적인 문맥에서 "당신 자신"이라는 말을 읽는다면, 이는 당신의 육신이 아니라 영혼을 뜻합니다. 당신이 행하는 일의 성격과 가치는 당신 영혼의 능력들이 행사되는 대상의 본성에 따라, 즉 그 대상이 당신 아래 있는지, 당신 안에 있는지, 혹은 당신 위에 있는지에 따라 판단됩니다.

제63장

영혼의 전반적인 능력에 대해서. 특히, 정신(mind)이 어떻게 그 자체로 다른 능력과 모든 활동을 포함하는 우선적인 능력이 되는지에 대해서

정신은 본질적으로 대단히 큰 능력이기 때문에 어떤 의미에서, 정신 그 자체로는 결코 일하지 않는다고 말하는 것이 맞습니다. 그러나 이성과 의지는 각각 작용하는 능력들이며 또한 상상력과 감각성도 그렇습니다. 정신은 그 자신 안에 이 네 가지 능력들과 그 활동들을 모두 포함하며 이해합니다. 정신은 어떤 식으로든지 행위를 담당한다고 말할 수 없습니다. 정신이 하는 이해가 본래적으로 행위라고 할 수 없다면 말입니다.

나는 영혼의 어떤 능력들을 첫째가는 것으로, 그리고 다른 어떤 능력들을 둘째로 중요한 것으로 부릅니다. 이는 영혼이 나누어질 수 있기 때문이 아니라(그것은 불가능합니다), 영혼의 능력들이 행사되는 대상들이 구별될 수 있기 때문입니다. 그 대상들 중 으뜸되는 것이 모든 영적인 대상이고, 둘째가는 것은 모든 물질적인 대상들입니다. 주요하게 작용하는 두 능력은 이성과 의지로서 이 둘은 각각 모든 영적인 대상들과 관련하여 전적으로 홀로 일하고, 둘째가는 다른 두 능력들의 도움을 필요로 하지 않습니다.

상상력과 감각성은 물질적인 대상들—그것들이 구체적인 형체로 존재하든 그렇지 않든—과 관련하여 짐승들이 그러하듯이 육체적 감각들을 통해 작용합니다. 그러나 영혼이 이성과 의지의 도움 없이 상상력과 감각성에 의해 물질적인 피조물들의 가치와 조건, 물질적으로 존재하는 것들과 창조물들의 근원을 알게 된다는 것은 가능하지 않습니다. 이성과 의지가 으뜸가는 능력들로 불리는 것은 바로 이런 이유 때문입니다. 이성과 의지의 활동 분야는 물질적이 아닌, 전적으로 영적인 것입니다. 상상력과 감각성은 우리의 오감을 신체적 도구들로서 사용하며 육신 안에서 작용하기 때문에 둘째가는 능력들로 불립니다.

정신(mind)은 그 자체 안에 모든 다른 능력들뿐만 아니라 그 능력들이 작용하는 모든 대상들을 또한 포함하기 때문에 가장 주요한 능력으로 불립니다. 이것에 대해 설명하겠습니다.

제64장

다른 주요한 두 능력인 이성과 의지, 그리고 원죄 이전과 이후 그것들의 활동에 대해서

이성은 우리가 그것에 의해서 선에서 악을, 더 나쁜 것에서 그냥 나쁜 것을, 더 좋은 것에서 그냥 좋은 것을, 가장 나쁜 최악에서 그냥 더 나쁜 차악을, 가장 좋은 최선에서 그냥 더 좋은 차선을 구분할 수 있는 능력입니다. 인간이 죄를 짓기 전에는 이성이 이런 모든 것을 자연적으로 할 수 있었습니다. 하지만 이제 원죄로 말미암아 매우 무분별해진 이성은 은혜를 통해 깨우침을 얻을 경우에만 위와 같은 일을 수행할 수 있습니다. 이성과 이성이 활동하는 대상 모두는 정신(mind)안에 포함되면서 정신 안에서 이해됩니다.

의지는 이성에 의해서 선한 것이 확인될 때 우리가 그 선한 것을 선택하도록 작용하는 능력입니다. 의지를 통해서 우리는 하나님을 사랑하고, 하나님을 갈망하며, 마침내 완전한 상태와 동의에 의해 하나님 안에서 안식하게 됩니다. 인간이 죄를 짓기 전에는 의지가 그 자신의 선택에서, 사랑함에서, 행하는 모든 것에서 결코 기만을 당할 수가 없었습니다. 왜냐하면 그때엔 의지가 모든 사물을 그 본래의 가치대로 인식할 수 있는 천부적 능력을 가지고 있었기 때문입니다. 그러나 이제 의지는 오직 은혜에 의해서 힘이 강해질 때에만 그런 것을 수행할 수 있습니다. 왜냐하면 원죄의 영향으로 말미암아 의지는 매우 자주 어떤 것이 외관상으로만 선할 뿐 실제로는 악할 때 그것을 선한 것으로 받아들이기 때문입니다. 정신은 그 자체가 의지와 의지가 작용하는 대상 모두를 포함하고 이해합니다.

제 65장

둘째가는 능력 중 첫 번째인 상상력에 대해서. 원죄 전과 후, 상상력의 활동에 대해서. 그리고 이성에 따르는 상상력의 복종에 대해서

상상력은 그것에 의해 우리가 존재하거나 혹은 보이지 않는 모든 것들에 대한 상(image)을 만들어내는 능력입니다. 상상력 자체, 그리고 그것이 만드는 상들은 모두 정신(mind) 안에 포함됩니다. 아담이 죄를 짓기 전에는 상상력이 이성에 대해 매우 복종적이었기 때문에—어떤 면에서 보면 상상력은 이성의 종이었습니다—상상력은 육신을 지닌 피조물의 어떠한 부적절한 상, 혹은 영적인 피조물의 어떠한 공상적인 상을 결코 이성에게 제시하지 않았습니다.

그러나 이제 상상력은 그렇지가 않습니다. 그것이 이성 안에서 은혜의 빛에 의해 절제되지 않는 한, 그것은 우리가 잠들어 있을 때나 깨어 있을 때나 결코 그치지 않고 작용합니다. 육신을 가진 피조물들의 여러 추한 상들, 아니면 영적인 것의 구체적인 형상이나 육신을 가진 것의 영적인 상 등 여러 기상천외한 모습들을 제시하기 위해서 말입니다. 그런 표현들은 언제나 그릇되고 기만적이며 오류가 혼합되어 있습니다.

상상력이 이렇게 거역하는 일은, 세상적 삶에서 신앙의 삶으로 새로 회심한 그들이 사람들 중에 기도하는 동안에 선명하게 보여질 수 있습니다. 그런 사람들의 상상력이 이성 안에서 은혜의 빛에 의해 아주 많이 통제될 때까지는, 즉 영적인 것, 가령 그들의 비참한 상태에 대해서나 주 하나님의 인간성과 수난 등에 대해서 끊임없이 명상할 때가 아니라면, 그런 사람들은 상상력의 호기심과 빛에 의해 그들의 정신에 새겨지는 여러 정교한 생각들, 공상들과 형상들을 제거해버릴 수가 없습니다. 순종하지 못하는 이런 모든 현상은 원죄가 낳은 고통스러운 결과입니다.

제66장

감각성이라 불리는 다른 나머지 둘째가는 능력에 대해서. 원죄 전과 후, 감각성의 활동에 대해서. 그리고 의지에 따르는 감각성의 복종에 대해서

 감각성은 신체의 감각들 안에서 작용하는 영혼의 능력으로서, 이 감각성을 통하여 우리는 육신을 지닌 모든 피조물들에 대한 지식과 경험을 가지게 됩니다. 그 피조물들이 우리를 기쁘게 하든 아니든 말입니다. 감각성은 두 가지 기능을 합니다. 하나의 기능으로 감각성은 우리의 육신의 필요를 돌보고, 나머지 다른 기능을 통해서는 우리의 감각적 즐거움을 만족시켜줍니다. 바로 이러한 능력이 우리 육신에 필요한 것이 결핍될 때 불만을 알립니다. 또한 우리가 몸이 필요로 하는 것을 구할 때 이 능력은 우리의 쾌락에 응해 그것을 만족시키고자 우리를 재촉하여 필요한 것 이상을 취하도록 만듭니다. 이 감각성은 우리를 즐겁게 하는 피조물들을 우리가 박탈당할 때 불평하고, 한편 그런 피조물들과 함께할 때 크게 기뻐합니다. 감각성은 그 자신을 불쾌하게 만드는 피조물들의 존재로 짜증 나게 되고, 그런 피조물들이 없으면 크게 기뻐합니다. 감각성이라는 능력 자체, 그리고 감각성이 작용하는 대상 모두는 정신 안에 포함됩니다.

인간이 죄를 짓기 전에는, 감각성은 의지에 대해 매우 순종적이어서―어떤 면으로 보면 감각성은 의지의 종이었습니다―감각성은 의지에게 결코, 육신을 지닌 피조물들 안에서의 어떤 과도한 쾌락, 혹은 그 피조물들에 대한 지나친 혐오를 준 적이 없었습니다. 또한 신체적 감각들 안에서 영적인 적들에 의해 초래된 기쁨이나 고통이라는 어떠한 영적 모조품을 의지에게 결코 준 적이 없었습니다.

그러나 이제 감각성은 그렇지가 않습니다. 감각성이 의지 안에서 은혜에 의해 다스려지지 않는 한, 감각성은 그것의 비참함과 음란함 안에서 진흙탕 속의 돼지처럼 이 세상과 더러운 육체의 쾌락 안에서 뒹굴게 될 것입니다. 감각성이 은혜에 의해 다스려질 때, 그것은 원죄의 고통―육신이 요구하는 즐거운 것들이 부재할 때, 또한 영에 유익하나 즐겁지 않은 것이 존재할 때 감각성은 원죄의 고통을 경험합니다―을 온화하고 적당하게 받아들일 수 있고, 또한 즐겁고 요청되는 것들을 갈망하는 것을 삼갈 수 있으며, 나아가 유익하나 불쾌한 것들이 부재할 때 지나치게 기뻐하는 것을 또한 삼갈 수 있습니다. 이런 까닭에 감각성이 은혜에 의해 다스려지지 않으면 우리 삶 전체는 인간적이고 영적이 아니라 야수 같고 세속적으로 되어버립니다.

제67장

우리가, 영혼의 능력 그리고 그 능력이 작용하는 방식을 알지 못한다면, 우리는 영적인 말과 행동을 이해함에 있어서 쉽게 기만을 당하게 될 것이다. 우리의 영혼은 은혜를 통해 거룩하게 된다

그러하니, 나의 벗이여, 그대는 원죄로 말미암아 우리가 떨어진 상태가 얼마나 비참한지를 이제 간파할 수 있습니다. 우리가 눈먼 사람들과 같고, 또한 영적인 말과 행동들을 이해함에 있어서 쉽사리 기만당한다는 것이 결코 놀랍지 않습니다. 특히 영혼의 능력들, 그리고 그 능력들이 작용하는 방식에 대해 우리가 무지할 때 더욱 그렇습니다.

그러므로 그대의 정신이 어떤 물질적인 것에 점령되어 있을 때마다, 그대가 보기에 그 목적이 얼마나 선한지와 관계없이, 그대는 이 수행에서 여전히 자신의 아래에 또한 자신의 바깥에 있는 것입니다. 그리고 그대의 정신이 그대 영혼의 능력들, 그리고 그 능력들이 영적인 일들—가령 그대 자신의 악함과 덕들에 관한 것 혹은 본성상 그대와 동등한 어떤 영적인 피조물에 관한 것—안에서 작

용하는 방식에 관한 여러 복잡한 내용들에 몰두하면서, 그런 행동을 통해 그대가 자신을 알고 또 완덕으로 진보하기를 배우려고 한다는 것을 그대가 인식할 때마다, 그대는 자신 안에 있고 또한 자신과 같아지는 것입니다. 그러나 그대의 정신이, 물질적이든 영적이든 창조된 것에 결코 점령되어 있지 않고, 오직 하나님 그분의 본질에만 몰두하게 됨을—참으로 이런 몰두는 이 책이 설명하는 수행을 경험하는 정신에게 가능합니다—그대가 인식할 때마다, 그대는 자신의 위에 또한 하나님의 아래에 있게 되는 것입니다.

당신이 자신 위에 있음은, 당신이 천성적으로는 도달할 수 없는 지점, 다시 말해 영 안에서, 사랑 안에서, 의지의 하나됨 안에서 하나님과 하나가 되는 상태에 도달하기 위해 은혜를 통해 분투하고 있기 때문입니다. 또한 당신은 하나님 아래에 있습니다. 비록 그런 순간 하나님과 당신 자신이 둘이 아니라 영 안에서 하나가 된다고 말할 수도 있지만, 이 수행에서 오는 완덕을 경험하는 당신이나 어떤 다른 사람이 그러한 하나됨에 의해서 그리고 성경의 증언에 의해서 진실로 하나님으로 불릴 수 있는 한에 있어서, 그럼에도 불구하고 당신은 여전히 하나님 아래에 있습니다. 왜냐하면 그분은 시작이 없이 원래 하나님이시기 때문입니다.

 한편 당신이 사실상 아무것도 아니었던 때가 있었습니다. 하나님의 능력과 사랑으로 당신이 어떤 존재로 지어졌던 이후에, 당신이 의도적으로 죄를 지음으로써 아무것도 아닌 것보다 더 나쁘게 스스로를 만들어버렸던 때조차 있었습니다. 당신이 하나님과 영 안에서 연합되어 지금 여기서의 당신과 영원한 천상의 행복 안에서의 당신 사이에 어떤 분리됨도 없이, 당신이 은혜를 통해 신으로 빚어지게 된 것은 자신의 공로가 아니라 오직 하나님의 자비로 이뤄진 일입니다. 그러므로 당신은 은혜 안에서는 하나님과 하나이지만, 본성상으로 아직 하나님보다 아주 훨씬 더 아래 있습니다.

 나의 벗이여, 이제 그대는 내가 말하는 것으로부터, 우리가 우리 자신의 영혼의 능력들에 대해 그리고 그 능력들이 작용하는 방식에 대해 무지하면, 영적인 의미로 세워진 말들을 이해함에 있어서 우리가 매우 쉽사리 기만당할 수 있다는 것을 적어도 어느 정도는 알 수 있을 것입니다. 또한 그대는, 내가 그대에게 하나님께 그대의 갈망을 숨김없이 보여드리라고 과감히 명하지 않고, 오히려 그것을 숨기기 위해 할 수 있는 모든 것을 하면서 어린아이처럼 그것을 감추라고 명했던 이유를 어떤 점에서 알 수 있을 것입니다. 나는 여전히 그렇게 하고 있습니다. 왜냐하면 그대가 영적으로 의도된 말을 신체적으로 이해하게 될지도 모르는 두려움 때문입니다.

제 68 장

육신의 감각에 아무 데도 존재하지 않는 것은 영적으로 모든 곳에 존재하는 것이다. 우리의 외형적 인간성은 이 책에 기록된 일에 대해서 아무것도 생각하지 못한다

 마찬가지로 어떤 다른 이가 당신 자신 안에 있는 모든 능력들과 기능들을 함께 모아들이고 그 지점에서 하나님을 예배하도록 당신을 지도한다면, 나는 그런 조언을 좋아하지 않습니다. 왜냐하면 비록 그런 조언들이 정말로 좋고 제대로 이해된다면 더 이상 참된 것이 없을지라도, 그 말들이 신체적 방식으로 받아들여질까 봐, 또한 기만당하는 결과가 될까 봐 두렵기 때문입니다. 나의 조언은, 당신이 결코 당신 자신 내부에 있지 않도록 주의하라는 것입니다. 간단하게 말하자면, 나는 당신이 당신 자신의 바깥에도, 위에도, 뒤에도, 자신의 이쪽 편이나 저쪽 편에도 있지 않도록 할 것입니다.

 그대는 이렇게 말할 것입니다. "그렇다면 나는 어디에 있어야 합니까? 당신의 판단에 따르면 그 어느 곳도 아닙니다!" 자, 그대는 참으로 말을 잘했습니다. 내가 그대가 있도록 조언하고자 하는 곳이 바로 그런 곳입니다. 왜냐하면 형체적으로 아무 데도 아닌 곳이 영적으로 모든 곳이기 때문입니다. 그러니 그대의 영적인 수행이 형체적으로 아무 데도 있지 않도록 주의하십시오. 그대 정신의 실체 안에서 그대가 수행을 하려고 애쓰는 목표가 되는 그 대상이 어디에 있든지 간에, 진실로 그대는 영 안에서 거하고 있는 것입니다. 그대가 신체적으로 거하는 장소 안에 그대의 육신이 실제로 있듯이 말입니다.

비록 그대의 모든 신체적 기능들은 그런 데서 기대할 아무것도 발견할 수가 없을지라도(왜냐하면 그 기능들이 볼 때는 그대가 하고 있는 것이 아무것도 아니기 때문에), 그대가 하나님께 대한 사랑으로 수행을 하고 있는 한, 그 아무것도 아닌 것과 함께 계속 정진하십시오. 어떤 사람도 알 수가 없는 하나님을 소유하고자 하는 그대의 의지 안에서 방심하지 않는 갈망을 지닌 채 중단하지 말고, 그 아무것도 아닌 것 안에서 간절하게 계속 나아가십시오.

진실로 내가 그대에게 말하건대, 내가 굉장한 힘을 가져서 내가 원할 때마다 나의 육체가 어디든지 거할 수 있고 많은 재산을 가진 영주마냥 그 모든 "중요한 어떤 것들"에 열중하며 행복하기보다는, 나는 눈에 보이지 않는 이 아무것도 아닌 것과 씨름하면서 형체적으로 아무 데도 아닌 이런 방식 안에서 거하고 싶습니다.

이 '모든 곳'과 '모든 것'을 제쳐놓고, 그 대신 이 '어딘지도 모르는 이름 없는 곳'과 '아무것도 아닌 것'을 택하십시오. 당신의 감각들이 이 아무것도 아닌 것에 대해 이해하지 못한다고 하더라도 조금도 개의치 마십시오. 바로 이런 이유 때문에 나는 더욱더 그것을 좋아합니다. 그것은 그 자체로 너무나 가치 있는 것이어서 감각들은 그것에 대해 이해할 수가 없습니다. 이 아무것도 아닌 것은 보여진다기보다는 느껴질 수 있는 것입니다. 오직 잠깐 그것을 바라보아 온 사람들에게 그것은 아주 분명치 않고 어둠에 싸인 것입니다.

그러나 보다 진실하게 말하자면, 영혼이 아무것도 아닌 것을 경험함에 있어서 눈이 더 멀게 되는 것은 육안으로 볼 수 있는 빛의 결핍이나 어두움 때문이 아니라 영적인 빛의 풍요로움 때문입니다. 그것을 아무것도 아닌 것(무)으로 부르는 사람은 누구입니까? 분명히 그런 사람은 우리의 겉사람이지 우리의 속사람이 아닙니다. 우리의 속사람은 그것을 '모든 것'이라고 부릅니다. 왜냐하면 우리 속사람은 어떤 한 가지 것 자체에 대해서 특별한 지식이 없어도, 아무것도 아닌 것으로 불리는 것 때문에 형체가 있는 것이든 영적인 것이든 모든 것들에 대해서 이해할 수 있도록 잘 가르침을 받기 때문입니다.

제69장

사람의 애착(affections)이 아무 데도 아닌 곳(nowhere)에서 생겨나는 이 아무것도 아닌 무(nothing)를 영적으로 체험하게 되면서 어떻게 놀랍게 변화되는가

 우리의 애착은 이 아무것도 아닌 무가 아무 데도 아닌 곳에서 달성될 때 그런 무를 영적으로 경험하면서 괄목할 만하게 변화됩니다. 처음으로 우리가 아무것도 아닌 무를 보게 될 때, 우리는 우리가 육으로나 영으로 태어난 이후로 은밀하게 또는 어두움 속에서 저질렀던 모든 특정한 죄 많은 행동들이 거기에 새겨져 있음을 발견합니다. 우리가 어느 쪽으로 돌리든 관계없이 그 새겨진 죄들은 우리 눈앞에 항상 나타날 것입니다. 우리가 많은 고된 수행과 쓰라린 탄식으로, 또 수없이 흘리는 비통한 눈물로 그 죄들을 상당 부분 지워 없앨 그런 순간까지 말입니다.

 때때로 이 수행에서 그러한 흔적들을 보는 것은 마치 지옥을 보는 듯하게 여겨집니다. 우리는 그러한 고통으로부터 영적 안식의 완덕에 이르게 되리라는 희망을 상실합니다. 많은 사람들이 내적으로 매우 진보한 상태에 도달하지만, 그들이 겪는 커다란 고통 때문에 그리고 위로가 없기 때문에 많은 사람들이 형체가 있는 것들을 보기 위하여, 외부로부터 오는 육적인 위안을 추구하기 위하여 이전으로 돌아갑니다. 이것은 그들에게 아직 주어질 만하지 않은, 그러나 그들이 얼마 동안 더 견디면 받을 만하게 될 영적인 위안이 부재하기 때문입니다.

인내하는 사람은 때로 위로를 경험하며, 또한 완덕에 이르게 될 희망을 갖게 됩니다. 과거에 저지른 많은 특정한 죄들이 은혜의 도움에 의해 상당 부분 지워졌음을 그가 느끼고 알게 되기 때문입니다. 그러나 그는 위로의 한복판에서도 항상 고통을 느낍니다. 한편으로는 고통이 점점 덜해지기에 언젠가는 그 고통이 끝나게 되리라고 그에게 여겨집니다. 그러할 때 그는 그 고통을 지옥이 아니라 연옥이라고 부릅니다. 때때로 그는 고통을 초래한 어떤 특정한 죄를 발견하지 못합니다. 그러나 그런 것은 죄의 덩어리인 것으로 그에게 보이고, 따라서 이래저래 그런 죄덩어리는 그 자신 외에 다른 것이 아님을 느낍니다. 그럴 때 그 죄덩어리는 원죄의 찌꺼기이며 원죄의 고통으로 불릴 수 있습니다. 때로는 그런 연옥이 낙원이나 혹은 천국이라고 그에게 느껴지기도 합니다. 그가 연옥 안에서 발견하는 많은 놀라운 감미로움과 위로, 기쁨과 거룩한 덕들 때문에 말입니다. 어떨 때는 연옥 안에서 그가 발견하는 안식과 평화 때문에, 그 연옥이 그에게 하나님으로 여겨집니다. 그러나 그가 하고 싶어하는 대로 생각하게 하십시오. 어떻든 간에 그는 그와 하나님 사이에 놓여있는 것은 바로 무지의 구름이라는 것을 언제나 발견할 것입니다.

제70장

우리 육신의 감각을 침묵시키면 아주 용이하게 영적인 것을 경험하게 된다. 마찬가지로 우리의 영적인 기능을 침묵시키면 이 현세의 삶에서 은혜에 의해 가능한 대로 하나님께 대한 경험적 지식에 이르게 된다

 이런 아무것도 아님 안에서, 알 수 없는 미지의 공간 안에서 열심히 수행하십시오. 그러면서 당신의 외적인 육신의 감각들과 그 감각들이 작용하는 대상들을 버리십시오. 왜냐하면 내가 진실로 말하건대, 이 관상 수행은 그런 것들에 의해 이해될 수 없기 때문입니다.
 육신의 눈으로 당신은 어떤 것도 이해할 수 없고, 다만 대상의 길이와 넓이, 크고 작음, 둥글거나 네모난 모양, 멀고 가까움, 색깔로 그 대상을 이해합니다. 육신의 귀로는 다만 소음이나 혹은 어떤 종류의 소리를 들음으로써 이해할 뿐 다른 것을 이해할 수 없습니다. 육신의 코로는 다만 악취 혹은 향기를 맡음으로써 이해할 뿐 다른 것을 이해할 수 없습니다. 미각에 의해서는 다만 시거나 달콤한 것, 짜거나 날것의 것, 쓰거나 좋은 것을 맛봄으로써 이해할 뿐 다른 것을 이해할 수 없습니다. 촉각에 의해서는 다만 뜨겁거나 찬 것, 딱딱하거나 무른 것, 부드럽거나 날카로운 것을 이해할 뿐 다른 것을 이해할 수 없습니다. 참으로 하나님도 영적인 것들도 어떠한 양과 질을 지니지 않습니다. 그러므로 당신의 외적인 감각들을 떠나 외부적으로든 내면적으로든 그런 감각들을 통해 수행하지 마십시오.

내적으로 영적인 수행가가 되기 위해 애쓰는 모든 사람들이 그럼에도 불구하고 자신들이 자신의 내면에서나 바깥에서 영적인 것들과 관련하여 듣거나 향기를 맡거나 보거나 맛보거나 만져야만 한다고 생각한다면, 분명히 그런 사람들은 기만을 당하고 있으며 또한 자연의 섭리를 거슬러 그릇되게 수행하고 있는 것입니다. 본디 사람은 육신의 감각들을 통해서 외부의 모든 유형의 사물들에 대한 지식을 가지도록 정해져 있을 뿐입니다. 그런 감각들을 통해서 영적인 것들에 대한 지식에 도달하도록 되어 있지는 않습니다.

나는 지금 육신의 감각들의 실용적인 작용에 관해 말하고 있습니다. 감각에 의한 그런 작용을 배제함으로써 우리는 영적인 것들에 대한 지식을 얻을 수 있습니다. 예를 들자면, 우리가 어떤 것들에 대해 읽거나 들을 때 그리고 우리 몸의 감각들이 그런 것들이 무엇인지를 그것들의 질을 통해 우리에게 가르쳐줄 수 없음을 깨달을 때, 그때 우리는 우리가 읽거나 들은 것들이 형체를 지닌 것들이 아니고 영적인 것들임을 확실하게 확인할 수 있습니다.

우리가 하나님에 관한 지식을 얻기 위해 노력할 때도 우리의 영적인 능력들에 대해 같은 이치가 영적으로 적용됩니다. 모든 인간은 창조된 모든 영적인 것들을 얼마나 영적으로 이해할 수 있는지에 상관없이, 자신의 지성의 작용을 통해 창조되지 않은 영적 대상, 즉 하나님에 대한 지식에 결코 도달할 수 없습니다. 그러나 자신의 지성의 작용을 중단하면 그는 하나님께 대한 지식에 도달할 수 있습니다. 그의 지성이 작용할 수 없는 곳, 즉 아무것도 아닌 무(無) 안에는 오직 하나님만이 존재하시기 때문입니다. 바로 이런 이유 때문에 성 데니스(St. Denis)는 이렇게 말했습니다. "하나님에 관한 진정한 신적 지식은 무지에 의해 알려지는 지식이다." 데니스가 남긴 글을 고찰하는 사람은 누구든지 데니스의 말이 나의 말, 곧 이 글의 처음부터 끝까지 내가 말해 왔고 말하게 될 모든 내용을 분명하게 확증한다는 점을 발견하게 될 것입니다.

그러나 이 주제 외 다른 것들에 대한 나의 견해들을 뒷받침하기 위해 데니스, 혹은 다른 학자들을 인용할 생각은 지금 전혀 없습니다. 한때는 성경과 교부들의 말씀에 의해서 자신의 말을 확증하지 않는 한, 자기 자신의 머리에서 나오는 것은 아무것도 말하지 않음이 겸손이라고 사람들이 믿었습니다. 그러나 이제 그런 관습은 지략과 박식함의 과시만을 드러낼 뿐입니다. 우리는 그런 것이 필요하지 않으니, 나는 그렇게 하지 않으렵니다. 들을 귀가 있는 사람은 들으십시오. 그리고 말해진 것을 믿기로 감동을 받은 사람은 그렇게 하십시오. 그렇지 않다면 믿을 수 없을 것입니다.

제71장

어떤 이들은 황홀감 안에서 이 수행의 극치를 경험하게 된다. 그러나 또 다른 사람들은 보통의 의식 상태 안에서 자신들이 원할 때마다 이 수행의 극치를 경험할 수 있다

어떤 사람들은 이 수행이 너무 어렵고 엄청나다고 믿으며, 그래서 수행에 앞서 많은 수고함이 없이는 이 수행을 착수할 수 없다고 말합니다. 또한 이 수행은 좀처럼 잘 해내기 어렵거나 황홀경의 상태에서나 완성될 수 있다고 말합니다.

이런 사람들에게 나는 희미하게나마 이렇게 대답하고자 합니다. 그것은 하나님의 섭리와 계획, 그리고 관상과 영적인 수행의 은혜가 주어지는 사람들의 영적인 역량에 달려 있습니다. 어떤 사람들은 오래 그리고 자주 영적인 수행을 하지 않으면 관상 수행의 성취에 도달할 수가 없습니다. 그렇게 영적인 수행을 하고 나서도 그런 사람들이 주님의 특별한 부르심에서 관상 수행의 극치를 경험하는 것—이것이 황홀경이 뜻하는 경우입니다—은 아주 드뭅니다.

한편 또 다른 어떤 사람들은 은혜에 의해 영 안에서 매우 순화되어 있고, 또한 이 관상의 은혜 안에서 하나님과 매우 친밀하기 때문에, 그들은 스스로 원할 때마다 그들 영혼의 일상적 상태 안에서—가령 앉아있을 때이든, 걸을 때이든, 서 있거나 무릎을 꿇고 있을 때이든—관상의 극치를 경험할 수 있습니다. 그와 동시에 그런 사람들은 신체적으로나 영적으로나 자신의 모든 기능들을 완전하게 지휘하며 자신들이 원하는 대로 그 기능들을 사용할 수 있습니다. 물론 방해가 없을 수는 없겠지만, 그들이 극복하기 어려운 방해는 아닙니다. 앞서 말한 첫 번째 유형의 예를 우리는 모세에게서 찾아볼 수 있고, 두 번째 유형의 예를 유대 성전의 제사장이었던 아론에게서 찾아볼 수 있습니다.

구약성경 이야기가 증언하듯이, 이 관상의 은혜는 구약에서 언약의 궤에 의해서 예표되고, 또한 은혜 안에서 스스로 수행하는 사람들은 그 언약의 궤와 가장 관련이 되는 사람들에 의해서 예표됩니다. 관상 수행과 그 은혜가 언약의 궤와 닮았다는 것은 맞는 말입니다. 그 언약의 궤 안에 유대 성전의 모든 보석들과 유물들이 담겨 있었듯이, 마찬가지로 이 작은 사랑 안에(그 사랑이 드려질 때) 하나님의 영적 성전인 우리 각자의 영혼의 모든 덕들이 담겨 있기 때문입니다.

모세가 그 언약의 궤를 보게 되고 그것이 어떻게 만들어져야 하는지 알 수 있기 위해서, 그는 산 정상에 올라야 했고, 6일 동안 거기에 머물면서 힘들고 오랜 노력으로 수행을 해야 했습니다. 마침내 7일째 되는 날에 주님께서 모세에게 나타나셔서 그 언약의 궤가 어떻게 만들어져야 하는지를 보여주셨습니다.

모세의 오랜 수고와 그에게 부여된 계시가 유예된 사실을 고려해 볼 때, 우리는 오랜 노력이 없는 한 영적 수행의 정점에 이를 수 없는 사람들을 이해하게 됩니다. 이런 사람들은 오랜 노력을 했을 때조차도 정점에 이르는 경우는 아주 드물고 하나님께서 임재하셔서 그것을 보여주실 때 가능하게 됩니다.

모세가 아주 드물게 볼 수 있게 되었던 것을, 아론은 그의 직무 덕분에 그가 원할 때마다 볼 수 있었습니다. 다시 말해 아론은 원할 때마다 장막 내부 성전 안에 들어가 그 언약의 궤를 볼 수 있는 권한을 가졌습니다. 아론의 권한에 의해 우리는, 내가 위에서 언급했던 유형의 사람들을, 곧 그들 자신의 영적인 기술과 은혜의 도움을 받아 이 관상 수행의 완성을 자신들이 원할 때마다 경험할 수 있는 사람들을 이해하게 됩니다.

제72장

늘 이 관상 수행을 하는 사람은 다른 관상가들도 당연히 자신이 하는 바로 그 경험을 하리라고 생각해서는 안 된다

 이제 당신이 알 수 있는 것은 다음과 같습니다. 오직 힘든 노력을 통해 아주 드물게 이 수행의 완성을 깨닫고 경험할 수 있게 되는 사람은, 만약 그가 그 자신의 경험에 따라서 다른 사람들에 관해 말하고 생각하고 판단한다면, 즉 다른 사람들도 드문 경우에 한해 그것도 힘든 노력을 통해서만 수행의 완성에 올 수 있다고 여긴다면, 쉽게 기만당할 수 있다는 점입니다. 마찬가지로 자신이 원할 때마다 수행의 정점 상태를 체험할 수 있는 사람도, 만약 그가 그 자신의 경험에 의해 다른 모든 이들을 판단하고 또한 모든 이들이 하고자 할 때 그런 정점의 상태에 이를 수 있다고 말한다면 그 사람 또한 기만당할 수 있습니다.

과거에 알던 것을 잊어버리십시오. 분명히 그 누구도 위와 같은 방식으로 생각해서는 안 됩니다. 하나님께서 원하신다면, 아주 드물게 그것도 큰 값을 치르고서야 정점의 상태에 처음으로 오를 수 있는 사람들도 나중에는 계속해서 그들이 원할 때 언제나 그런 상태를 경험하게 될 수도 있습니다. 우리는 그런 예를 바로 모세에게서 보게 됩니다. 모세는 산상에서는 아주 드물게 그것도 고된 분투 후에야 언약의 궤의 형상을 보았습니다. 그러나 나중에는 계속해서 그가 원할 때마다 천막 안에서 언약의 궤를 보았습니다(출 33:7-11).

제73장

하나님 언약의 궤를 대하는 모세, 브살렐, 아론의 태도를 통해, 우리가 하나님께서 주시는 관상의 은혜 안에서 어떻게 수행해야 하는지에 대한 세 유형을 보여준다. 그런 점에서 관상의 은혜는 하나님 언약의 궤 안에서 예표된다

구약의 궤와 주요하게 관련되는 세 사람이 있는데, 바로 모세, 브살렐, 아론입니다. 모세는 주님의 산 위에서 그 언약의 궤가 어떻게 만들어져야 하는지에 대해 가르침을 받았습니다. 브살렐은 그 산 위에서 계시된 지시에 따라, 저지대에서 궤를 고안하여 만들었습니다(출 36:1-38:31 참조). 아론은 성전 안에서 언약의 궤를 돌보면서 그가 원할 때마다 그 궤를 보고 만졌습니다.

이 세 사람의 예에 따라, 우리는 세 가지 방식으로 관상의 은혜 안에서 진전을 이룰 수 있습니다. 때로 우리는 오직 은혜에 의해서만 진전을 이룹니다. 그럴 때 우리는 모세와도 같습니다. 모세는 산에 오르는 큰 노력을 들이고도 거의 그것을 볼 수도 없었습니다. 그가 보았던 광경은 하나님께서 모세에게 보여주고자 하셨을 때 오직 그분의 계시를 통해서였습니다. 그것은 모세가 받을 자격

이 있어서 주어진 보상으로서가 아니었습니다. 때로 우리는 우리 자신의 영적인 기술을 통해 이 관상의 은혜 안에서 진전을 이룹니다. 그럴 때 우리는 브살렐과 같습니다. 브살렐은 산 위에 있던 모세에게 계시된 모형을 힘입어 자신의 기술로 궤를 조형하기 전에는 언약의 궤를 볼 수 없었습니다. 또한 때로 우리는 다른 사람들의 가르침을 통해 이 관상의 은혜 안에서 진전을 이룹니다. 그럴 때 우리는 아론과 같습니다. 아론은, 브살렐이 궤를 만들어 그것을 볼 수 있도록 갖추어 놓은 후에, 그 궤를 돌보는 일을 하면서 그가 원할 때마다 자주 그 궤를 보고 만질 수 있었습니다.

그러므로, 나의 영적인 벗이여, 비록 내가 누구를 가르치기에는 보잘것없고 자격 없는 사람이지만, 이 수행에서 나는 브살렐의 직무를 담당하고 있는 것입니다. 아마도 내가 유치하고 어리석은 듯이 말을 하기도 할 것입니다. 왜냐하면 어떤 의미에서 나는 그대를 위하여 이 영적인 언약의 궤의 성격을 빚어가면서 명료하게 하고 있기 때문입니다. 그러나 그대는 내가 하는 것보다 훨씬 더 낫게, 또 훨씬 더 가치 있게 수행할 수 있습니다. 만약 그대가 아론의 직무를 떠맡는다면 말입니다. 다시 말해서, 그대가 그대 자신을 위하여 또한 나를 위하여 이 안에서 지속적으로 자신을 수행하는 직무를 담당한다면 말입니다.

그대에게 간청하니, 전능하신 하나님께 대한 사랑으로 그렇게 행하십시오. 우리 둘 다 이 관상 수행을 실천하도록 하나님의 부르심을 받았으니, 하나님께 대한 사랑으로 나의 가르침에서 부족한 부분을 그대의 몫에서 채워가기를 간절히 부탁합니다.

제74장

이 책의 주제가 되고 있는, 관상 수행을 위해 제대로 준비가 된 사람은 관상에 대해서 읽거나 말할 수 없다. 한편, 관상에 대한 내용이 낭독되는 것을 듣거나 말해지는 것을 들을 수 없을 때, 그 사람은 이 수행에 정말로 적합하다고 느끼지 않는 사람이다

만약 당신이 이런 수행의 방식이 자신의 신체적, 영적 기질에 부합하지 않는다고 생각한다면, 선한 영적 지도를 받는 중에 치욕감을 느끼지 않은 채로 이런 관상 수행을 포기하고 다른 것을 택할 수 있습니다. 이런 경우라면 나를 양해해 주기를 요청합니다. 왜냐하면 진정으로 이 책을 쓴 나의 목적은 내가 지닌 소박한 지식에 따라 사람들이 영적 진보를 이루는 것을 돕고자 하는 것이었기 때문입니다. 나의 의도는 바로 그것이었습니다. 그러므로 이 책을 두세 번 거듭하여 읽으십시오. 또한 자주 읽으면 읽을수록 그만큼 더 좋고 이 책 내용에 관해 더 잘 이해하게 될 것입니다. 그렇게 하면, 이전에 처음 한 두 번 읽을 때 이해하기가 매우 어려웠던 문장도 아주 쉽게 이해할 수 있을 것입니다.

참으로 그렇습니다. 이 수행을 하려는 마음을 가지고 있는 어떤 영혼이 이 책을 남몰래든지 큰 소리로든지 읽는 동안 이 수행의 작용에 진정한 친밀감을 느끼지 못하면서 읽는다는 것은 나로서는 이해할 수 없을 듯합니다. 그러니 만약 이 책이 그대에게 유익하다고 여겨진다면, 진심으로 하나님께 감사하고 또 하나님의 사랑을 생각하며 나를 위해 기도해 주십시오.

그러면 이 수행을 하십시오. 하나님의 사랑을 생각하며 그대에게 바라건대, 이 수행을 할 마음을 가지고 있다고 여겨지는 사람들이 아니라면 어느 누구도 이 책을 살펴보도록 허락하지 말아 주십시오. 그대가 이 책의 시작 부분에 쓰여 있는 것을 보았듯이, 거기서는 어떤 사람들이 이 수행에 착수할 수 있는지, 그리고 언제 그 사람들이 그렇게 해야 하는지를 말해 주고 있습니다. 한편 만약 그대가 합당한 어떤 사람으로 하여금 이 책을 읽도록 한다면, 부디 그 사람이 이 책을 끝까지 제대로 잘 읽기 위해 필요한 시간을 들이도록 이끌어 주기를 당부합니다. 왜냐하면 뒤에 오는 내용에 의존하는 어떤 논점이 시작이나 혹은 중간에 던져지면서, 그 자리에서는 충분히 설명이 안 되는 경우가 있기 때문입니다. 만약 어떤 것이 거기서 설명이 안 된다면, 그것은 좀 나중에 아니면 마지막에 설명이 될 것입니다. 따라서, 만약 누가 한 부분만 읽고 다른 부분을 읽지 않는다면, 그 사람은 쉽게 오류에 빠질 가능성이 있습니다. 그래서 그대가 내가 말하는 대로 따라 주기를 당부하는 것입니다. 이 책에 지금보다 더 자세하게 설명하고 싶은 부분이 있다면, 그것이 무엇인지, 그리고 그것에 대해 그대가 생각하는 바를 내게 알려 주십시오. 그러면 내가 보잘것없는 나의 능력을 다해 그것을 수정해 보겠습니다.

그러나 수다쟁이들, 소문 퍼뜨리는 사람들, 험담꾼들, 재잘거리는 사람들, 모든 종류의 흠 잡는 사람들로 말하자면, 나는 그런 사람들이 이 책을 보는 것을 원하지 않습니다. 나는 결코 그런 사람들을 위하여 이런 문제들에 관해 글을 쓰고자 의도하지 않았습니다. 나는 아는 체하는 성직자나 평신도들이 이 책에 간섭하는 것도 거부하렵니다. 왜냐하면 그 사람들이 활동적인 생활과 관련되는 문제들에서 아무리 뛰어날지라도, 나의 주제는 그런 사람들을 위한 것이 아니기 때문입니다.

제75장

우리가 이 관상 수행을 시작하도록 하나님에 의해 부르심을 받았는지 아닌지를 시험해 볼 수 있는 분명한 표시에 대하여

이 책의 주제에 관하여 읽거나 그것에 관하여 낭독되고 말하는 것을 듣는 사람들, 또한 스스로 이 주제에 관하여 읽거나 들으면서 이 책이 자기들에게 좋고 마음에 맞는다고 생각하는 사람들이 모두 그 이유 때문에, 그저 이 책을 읽는 동안 갖게 되는 좋은 느낌만으로 이 관상 수행에 착수하도록 하나님의 부르심을 받는 것은 아닙니다. 그런 느낌은 은혜에서 오는 어떤 부르심에서라기보다는 자연적으로 발생하는 지적인 호기심에서 비롯되는 경우일 수 있습니다.

그러나 만약 그들이 그러한 느낌이 어디에서 오는지를 발견하고자 한다면, 진정 그렇게 하기를 원한다면 다음과 같은 방식을 통해 찾을 수 있습니다. 먼저 그들이 마음을 써야 할 것은, 거룩한 교회의 판단에 따라 또한 영적 지도자의 승인을 통해서 자신의 양심을 씻어냄에 의해서, 관상 수행을 준비하기 위하여 그들 안에 놓인 모든 것을 우선적으로 스스로 행하는 것입니다. 이렇게 되었다면 여기까지는 순조롭습니다.

그들은 더 알기를 원할 경우에, 다른 영적 수행과 비교할 때 이런 수행을 실천하고자 하는 충동이 더 자주 그들의 마음을 지속적으로 압박하는 지를 살펴야 합니다. 그들의 모든 훈련에 있어서 가장 주요한 것은 이런 영적 수행이 초래하는 작고 은밀한 사랑입니다. 그 외에는 그들이 신체적, 또는 영적으로 행하는 어떤 일을 양심에 비춰 볼 때 그것이 어떤 가치로 다가오는지를 살펴볼 수 있습니다. 만약 그렇다면 바로 그것이 하나님에 의해 그들이 관상 수행으로 부르심을 받고 있다는 표시입니다. 그렇지 않은 경우는 부름심이 없는 것입니다.

관상 수행을 착수하도록 부르심을 받은 사람들에게 있어서, 그런 감정은 언제나 일어날 것이고, 그들의 마음속에 그런 감정이 계속하여 머무르리라고 내가 말하는 것은 아닙니다. 결코 그렇지 않습니다. 왜냐하면 종종 그런 충동의 실제적인 경험은 다양한 이유로 인해 이 수행을 하는 영적 초심자에게서 사라지게 되기 때문입니다. 때로는 그가 이 수행에 너무 지나치게 익숙하게 되어 그가 원할 때 또 그가 원하는 대로 수행을 하는 것이 대개 그 자신의 능력에 의한 것이라고 생각하지 않도록 하기 위해서입니다. 그렇게 생각하는 것은 교만일 것입니다. 그 은혜의 경험이 물러나게 되는 것은 항상 교만이 그 원인입니다. 다시 말해서, 사실상의 교만이 아니라, 은혜의 경험이 사라지지 않는 한 거기에 존재하게 되는 교만입니다. 그리고 초심자들은 종종 어리석은 판단에서 하나님께서 그들의 가장 좋은 친구가 되실 때 그분을 그들의 원수로 생각하기도 합니다.

때때로 그 경험은 그들의 부주의 때문에 사라지게 됩니다. 이런 일이 발생할 때 그들은 즉각적으로 아주 심하게 그들을 괴롭히는 매우 날카로운 고통을 경험합니다. 때로 주님께서는 의도적으로 그런 은혜의 경험을 지체시킵니다. 그런 경험을 허락하시는 걸 미룸으로써 그 경험을 확대하고, 또 오랫동안 그 경험을 잃어버린 후에 그것을 다시 찾고 새롭게 체험하게 될 때 그것에 우리가 더 주의하게 되도록 만드시는 것이 그분의 뜻일 때 말입니다.

이러한 것이 어떤 영혼이 그가 관상 수행에 매진하도록 부르심을 받고 있는지 아닌지를 알 수 있는 가장 분명하고 단순한 표시들 중 하나입니다. 은혜를 경험하는 것이 미뤄지거나 오래 동안 결핍되는 일을 겪은 후에, 보통 그러하듯이 그런 은혜의 체험이 어떤 중재자도 없이 갑작스레 찾아올 때, 그 사람이 이 수행을 실천해 나가고자 하는 갈망과 열정을 이전의 어느 때보다 더 자주 느낀다면, 그런 경험을 통해서 그런 느낌을 잃었을 때 겪는 슬픔보다 더 큰 기쁨을 누리게 됩니다. 바로 이런 경우라면, 이는 그 사람이 이 수행을 하도록 하나님에 의해 부르심을 받은 것이라는 참으로 아주 확실한 징표입니다. 그 사람의 현재 상태와 과거의 상태와 관계없이 말입니다.

왜냐하면 하나님께서 당신 자신의 자비의 눈으로 바라보시는 것은 그대의 현재 모습도 아니고 이전의 모습도 아니며, 다만 그대가 앞으로 되고자 갈망하는 모습이기 때문입니다. 성 그레고리우스(Gregory the Great)는 이렇게 증언합니다. "모든 거룩한 갈망은 그것이 미뤄지는 경험을 통해 성장합니다. 만약 지체되는 경험에 의해 갈망이 줄어든다면, 그것은 결코 거룩한 갈망이 아닙니다." 한편 어떤 사람이 새로운 경험을 하면서 점점 더 기쁨이 줄어들고, 대신 그 자신의 갈망들이 불쑥 생겨난다면, 비록 그런 것들도 모두 선을 위한 자연적 갈망으로 불릴 수 있겠지만, 그럼에도 불구하고 그것들은 거룩한 갈망이 될 수 없습니다. 성 아우구스티누스는 이 거룩한 갈망과 관련하여 이렇게 말합니다. "선한 그리스도인들의 삶 전체란 바로 거룩한 갈망들 외에 다름이 아닙니다."

하나님의 축복과 나의 축복 안에서 안녕히 계십시오, 나의 영적 벗이여. 참된 평화와 분별력 있는 조언, 그리고 하나님 안에서의 영적인 안식이 풍성한 은혜와 함께 항상 그대와 함께 있기를, 또한 이 세상에서 하나님을 사랑하는 모든 사람들과 함께 있기를 전능하신 하나님께 간구합니다.

아멘.

에필로그

열정과 사랑의 화살로 무지의 구름을 뚫게 하는 영성의 안내서

중세 신비주의의 교본을 남긴 14세기 영국의 무명 작가

《무지의 구름(The Cloude of Unknowyng)》은 중세 신비주의의 대표적인 작품으로 기독교 신비주의 역사 전체에 지대한 영향을 미친 책이다. 최초 원본은 시인 제프리 J. 초서(Geoffrey Chaucer)가 활동하던 14세기 후반인 1370년경에 영국 이스트 미들랜드의 지역 방언으로 기록되었다. 영국 중동부에 살았던 이 익명의 저자는 총 7편의 작품을 남겼다. 클리프톤 C. 월퍼스(Clifton Wolpers)는 이 글이 담고 있는 남성적 감각, 방대한 신학지식, 제자를 가르칠 때 보여준 확고한 권위의식을 근거로 저자가 남성일 것으로 추정했다. 또한 이 책의 75장 마무리에 "하나님의 축복과 나의 축복"을 근거로 그가 사제였음을 강조했다. 그 이외에는 중세 신비주의에 엄청난 영향을 미친 이 책의 저자의 개인적인 삶과 배경에 대하여는 알려진 것이 거의 없다. 사실, 이 책의 저자에게도 큰 영향을 미친 위-디오니시우스(Pseudo-Dionysius)의 경우와 같이 기독교 역사에서 종종 사상적, 신학적, 정치적 이유 등으로 자신의 작품을 타인의 이름이나 필명이나 익명으로 출간해 온 전통은 낯선 모습은 아니다.

하지만, 우리는《무지의 구름》의 저자가 기독교 신비주의와 관상을 깊이 이해하고, 인간의 삶에 있어서 하나님의 중심적 역할을 강조하고, 몸소 수도원적 삶을 살아갔다는 점은 확신한다. 저자는 자신이 최종적으로 목적하고 있는 '높은 수준의 관상'을 거듭 강조하지만, 자기와 동조하지 않거나 수련의 정도가 낮은 사람들을 쉽사리 비판하지 않았다. 대신 그는 균형감각을 갖고, 비판보다는 온화한 격려와 배려와 인정을 보여주면서 따뜻한 마음을 글 곳곳에 담았다. 또한 시인과 문학적인 기질을 갖고서, 다소 엄격하고 딱딱할 수 있는 주제를 독자들에게 간결하고 설득력 있게 전달해 주었고, 교양과 학문과 영성을 두루 겸비한 사람이었음은 어렵지 않게 알 수 있다.

무지의 구름을 뚫고 들어가기 원하는 사람들

기독교 신비주의의 관상기도와 관상적인 삶을 다룬 이 책은 14세기 후반에 기독교 신비주의와 중세 영성의 역사 분야의 가장 유명한 영적 안내서였을 뿐만 아니라, 오늘날까지 엄청난 영향력을 미치고 있다. 이 책은 복잡한 신비주의적인 인식론과 역설적인 신학적 담론을 읽을만한 산문으로 단순하게 제공해준 명작이다. 이 책은 일차적으로 '관상적인 삶을 추구하는 사람들'을 위해 고안되었다. 하나님과 신자 사이를 가로막는 무지와 망각의 구름을 뚫고 나가 하나님과 하나가 되는 완전한 삶을 추구하는 자들을 위한 영적 지침서이다. 어느 정도의 적절한 신자들이 좀 더 진보된 아니면 좀 더 엄격한 단계의 관상(명상)을 수행할 수 있도록 지도해주고 있다. 하지만, 이 책은 매우 조심스럽게 사용하길 권면하고 있다. "당신이 이 책의 혜택을 받을 것이라 판단되는 사람이 아니라면 부디 아무에게나 이 책을 권하지 말아 주십시오."

중세 신비주의 사상에 관심을 가진 독자라면 '무지의 구름'과 '호렙산의 구름'이란 단어가 그리 생소하지 않을 것이다. 우리가 '무지'의 대상이 되는 'Unknown'이란 단어는 '알려지지 않은 자' 혹은 '인간의 이성이나 지성으로 표현이 불가능한 존재'인 신, 즉 하나님을 뜻한다. 그리고 '무지의 구름'은 절대자에 대한 내면의 눈으로 볼 수 없는 앎의 결핍을 의미한다.

Via Negativa et Via Positiva

《무지의 구름》의 저자는 누구를 통해 이런 종교적이고 사상적인 영향을 받았을까? 우리는 본문을 통해 보통 세 명의 사람을 추정할 수 있다. 첫째, 5세기의 아우구스티누스(Augustinus), 둘째, 6세기 중반의 인물로 알려진 위-디오니시우스, 셋째, 12세기의 성 빅토르의 리차드(Richard of St. Victor)이다.

하지만 이 책의 70장은 저자가 디오니시우스로부터 공식적인 영향을 받았다는 점을 분명히 했다. 9세기 카롤링거왕조의 궁정신학자인 에리우제나(John the Scot, Eriugena)가 디오니시우스의 작품을 라틴어로 번역하면서 서방기독교에서의 디오니시우스의 영향은 점증했다. 사실,《무지의 구름》의 저자는 디오니시우스를 직접 이용했을 뿐만 아니라, 디오니시우스의《신비 신학(Mystical Theology)》을 번역한 것으로 알려져 있다. '무(無)', '무지의 구름', '긍정의 길(Via Positiva)'과 '부정의 길(Via negativa)' 등을 비롯한 많은 언어와 설명구조에서도 부정신학의 선구자요 대가인 위-디오니시우스의 영향을 어렵지 않게 찾아

볼 수 있다.

저자는 이 책에서 신, 혹은 절대자를 'Nothing'(무, 그 무엇도 아닌 분, 여행 끝에 마주하게 되는 존재, 어디도 아닌 곳)이라는 단어로 그려내고 있다. 이는 단순한 '무'를 뜻하는 것이 아니라, 인간의 이성이나 논리나 지성으로 설명이 불가능한 존재와 상태를 뜻한다. 신은 도무지 표현할 수 없는 존재이며, 인간의 이해력을 뛰어넘어 존재하며, 지성의 빛과 이성적인 노력으로 파악하거나 넘을 수 없으며, 이성 속에 들어있는 이해의 빛으로 도달하기 힘든 존재이다. 즉, 긍정의 방법(Via positiva, cataphatic way)으로는 도무지 이해할 수 없는 존재이다.

때문에 신을 이해하고 알아가는 방법으로 신비주의의 정통적인 방법인 '부정신학'을 사용하고 있다. 부정신학은 무엇으로 규정하는 것이 아니라 무엇이 아닌가를 강조(apophatic)하면서 신의 타자성과 초월성, 비교 불가능성과 묘사 불가능성을 규명하는 신학적인 인식론이다. 하지만 이런 부정의 방법의 최종 목적은 신의 존재를 부정하는 것이 아니라, 그 무엇으로 설명할 수 없는 신의 본체 주변에 끼어있는 먼지와 '부스러기'들을 털어버리고 진실된 신 자체를 알아가는 데 있다.

비워내기, 받기, 나아가기

중세기독교의 구도자들은 영성수련을 보통 정화(purificatio), 조명(illuminatio), 완덕(perfectio)이라는 3단계로 설명했다. 설명 방법은 약간 다르지만, 《무지의 구름》에서 제시하는 영적 수련도 큰 흐름에 있어서는 유사하다. 학자들은 《무지의 구름》을 통해 저자가 의도하는 수련과정의 주안점을 크게 3가지로 나눈다.

첫째, 인간은 스스로 하나님을 알 수 없다. 하나님과 인간 사이에는 무지의 구름이 이를 가장 상징적으로 보여주는데, 인간이 지닌 모든 인식과 지성은 그 어둠의 구름을 뚫을 수가 없다. 오히려 인간은 이 망각의 구름 안에 머물며, 세상의 모든 것과 심지어 우리가 하나님에 대하여 알고 있다고 간주하는 것까지 다 버려야 한다. 어두움과 망각을 자신의 집으로 삼고 가장 단순한 언어로 하나님을 찾을 준비를 해야 한다.

둘째, 어둠의 구름을 뚫을 유일한 방법은 하나님이 먼저, 선행적으로 베풀어 주는 은총과 사랑이다(1장, 67장, 34장 참조). 하나님의 거저 주시는 은총과 사랑을 받은 인간만이 본격적인 수련을 해나갈 힘을 갖게 된다.

셋째, 인간은 '위로부터 오는' 사랑을 통해 하나님을 알고, 그분에게 나아가고, 그분과 합일의 경지에 도달할 수 있다. 사랑은 그런 존재를 파악하고 이해하는 유일한 방법이다. 여기서 사랑은 선한 의지, 혹은 열망이란 단어로 문맥에 따라 사용되고 있다. 이 사랑을 통해 '그대의 의지가 적나라하게 하나님께로 향하는 것'(35장)이 저자가 강조하는 관상의 최고 목표에 도달하는 자세이다. 예리한 사랑의 충동, 사랑의 달콤함, 하나님을 사랑하려는 갈망이 그러한 최고의 목표에 도달하게 안내하는 최고의 수단이 된다.

전체적인 개요

1-3장	도입부분으로 책의 핵심을 담고 있다.
4장	하나님의 일인 관상과 인간의 의지적 응답.
5-12장	지성으로 하나님께 도달할 수 없다.
13-25장	겸손과 자애라는 사랑의 열매, 마르다와 마리아
26-33장	죄와 죄의 습격을 막아내는 방법.
34-50장	관상생활의 몇 가지 특성.
51-61장	저자의 말을 오해할 수 있는 가능성.
62-65장	오해를 걱정하는 저자의 우려를 심리학적으로 설명.
67-70장	'무지'로 뛰어들기.
71-74장	구약성서와 관련된 관상체험.
75장	수련의 부르심이 어디서 오는가?

다시, 관상이라는 안내자를 통해 삶의 질곡을 넘어 그분에게 이르기를 기대하며

이 책의 가장 큰 공헌 중의 하나는 복잡한 신비주의적인 인식론과 역설적인 신학적인 담론을 읽을만한 산문체 형식으로 일반적인 구도자들도 따를 수 있게 단순하게 제공해준 데 있다. 다시 말해, 관상이라는 단어 자체가 주는 무게와 생소함을 잔잔하고 설득력 있게 풀어나갔다. 번역자는 이 책의 이름과 관상이라는 단어를 한국어로 번역하는데 어려움을 느꼈다. 《무지의 구름》이나 '관상'이라는 단어가 이 책과 용어가 의미한 뜻을 객관적으로 충분히 담아내고 있다고 여기지 않았기 때문이다. 그러나, 두 단어가 이미 한국교회에 널리 쓰이고 있는 상황에서 기존 관례를 존중하기로 했다.

관상은 '자기 존재의 중심에서 하나님을 알고 사랑하는 깨달음'을 뜻한다. 여기서 이 깨달음이란 인간 영혼이 자기 고향으로 회귀하듯이 향하는 그 무엇으로도 표현할 수 없는 신의 존재, 즉 타자에 대한 원초적인 감각이요, 영혼은 이러한 존재 없이는 생명을 지탱하기가 불가능함을 알게 되는 것을 뜻한다. 이런 깊은 영적인 깨달음을 습득해 가는 과정에는 사람 사는 세상에서 늘 접하는 일들이 있다. 천상의 도시로 가는 길에는 피해야 할 함정들과 극복해야 할 뜻하지 않게 만나는 장애물이 있고, 반드시 거쳐나가야 할 필수적인 훈련이 있고, 호렙산의 구름처럼 뚫고 지나가야 할 안개도 있다. 이런 과정을 통해 모든 부정과 긍정의 인간의 인식과 지성을 넘어서 진정한 '무'인 하나님을 사랑하도록 안내하고 있는 책이 바로 《무지의 구름》이다.

그런 상황에 도달하게 되면, 우리는 무지의 앎, 보이지 않는 봄, 감각으로 인식할 수 없는 현존을 느끼게 될 것이다. 바로 그런 경지에서, '목격하게 되면 모든 천지 만물이 몸을 떨고, 모든 학자는 바보가 되고, 모든 성인과 천사들의 눈이 멀도록 만드는 하나님 자신의 분에 넘치는 사랑과 진가'(13장)를 깨닫게 될 것이다.

그러한 바람과 필요는 14세기 영국과 유럽 대륙에서뿐만 아니라, 21세기 혼돈의 삶을 살아가고 있는 우리네 한국기독교에서도 여전히 필요하다. 본질과 근원적 주제에 대한 희구가, 바로 우리네 삶의 일상적인 영적 수련 과정이 될 수 있기 때문이다.

2021년 3월,
김재현 키아츠 원장

14세기 어간의 유럽의 주요 신비주의자들

네덜란드

Gerard(Geert) Groote (1340–1384) 네덜란드/Devotio Moderna
Gerlac Peterson (1378–1411) 네덜란드/Brethren of the Common Life
Hendrik Mande (1360-1431) 네덜란드/Devotio Moderna
Gerard Zerbolt of Zutphen (1367–1398) 네덜란드/Brothers of the Common Life
Lydwine of Schiedam (1380–1433) F. 네덜란드

영국

Margery Kempe (1373–1438) 영국
William Flete (d.c. 1383) 영국
William Langland (1332-1386) 영국

프랑스

Jean le Charlier de Gerson (1363–1429) 프랑스
Jeanne Daubenton (d. 1372) 프랑스/파리

스위스

Nicholas of Basel (1308–1397)
스위스/Beghard-베긴회

14세기 영국의 주요 신비주의자들

1. **리차드 로울** Richard Rolle (1300-1349)

2. **월터 힐튼** Walter Hilton (?-1396) The Scale of Perfection

3. **노르위치의 줄리안** Julian of Norwich (1342-1416)

3. **무명의 저자** The Cloud of Unknowing (1345-1386)

라인란트Rhineland신비주의
(도미니칸 신비주의Dominican Mysticism)

- 독일 라인강 주변을 따라 도미니칸 수사들이 14세기에 형성한 신비주의 전통
- 자국어/설교/신약/그리스도/평신도/실천을 강조하면서 Gottesfreunde(Friends of God)를 형성함

Meister Eckhart (1260-1328)
Johannes Tauler (1300-1361) 독일/스트라스부르크
Henry Suso (1300-1366)
Rulman Merswin (1307-1382)
Margaretha Ebner (f.1291-1351)

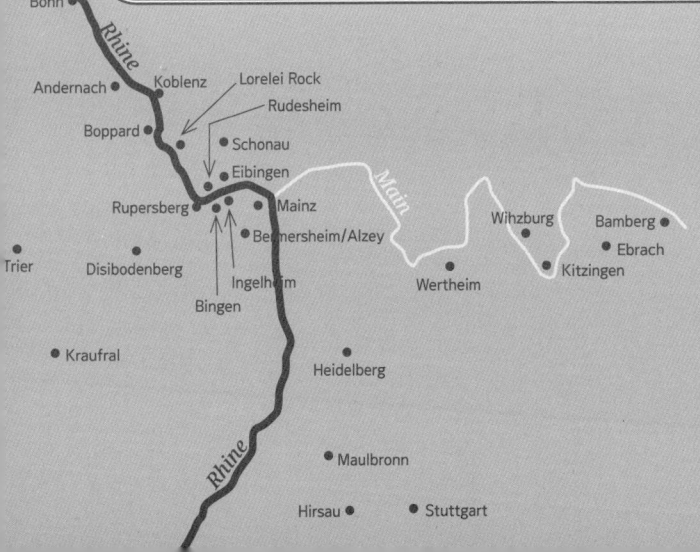

참고 문헌

《무지의 구름》 저자의 다른 작품

- *Dionise Hid Divinite*(Dionysius, Mystical Theology)
- *Benjamin Minor*(Richard of St. Victor)
- *The Epistle of Privy Counsel*
- *The Epistle of Prayer*
- *The Epistle of Discretion in the Stirrings of the Soul*
- *The Treatise of Discerning of Spirits*

《무지의 구름》 주요 원본

- British Library Harley MS 2373
  (저자의 작품 7편 모두를 담고 있음)
- Cambridge University Library Kk.vi.26.
  (저자의 작품 7편 모두를 담고 있음)
- British Library Harleian 2373
  (*Dionise Hid Divinity*를 제외한 6편을 담고 있음)

주요 번역본

- Hodgson, Phyllis, (ed.) *The Cloud of Unknowing*. EETS e.s. 218. London: Oxford University Press, 1944/1958.
- Hodgson, Phyllis, (ed.) *The Cloud of Unknowing*. Analecta Cartusiana 3. Salzburg: Institut für Anglistik und Amerikanistik, Universität Salzburg, 1982.
- Johnston, William, (ed.) *The Cloud of Unknowing and The Book of Privy Counseling*. Garden City, N.Y.: Image Books, 1973.
- McCann, Justin, (ed.) *The Cloud of Unknowing*. 6th and rev. ed., with commentary by Father Augustine Baker. London: Burns, Oates, 1952.
- Pendle Hill, *The cloud of unknowing; a version in modern English of a fourteenth century classic*, New York, Harper. 1948
- Underhill, Evelyn, *The Cloud of Unknowing*. Lanham: Dancing Unicorn Books, 2017
- Walsh, James, (ed. and introduction.) *The Cloud of Unknowing*. New York: Paulist Press, 1981.
- Wolpers, Clifton, trans. *The Cloud of Unknowing*. Baltimore: Penguin Books, 1961.